神與性：聖經究竟怎麼說

God and Sex: What the Bible Really Says

麥可・庫根(Michael Coogan) 著
黃恩霖 譯
堵建偉 校訂

目錄

推薦序——《聖經》與「性」經

讀神學以來，一直特別喜愛希伯來聖經。除了老師生動熱情的講課動人心弦之外，更因為喜愛希伯來聖經中林林總總的戲劇化故事、人物，以及濃厚的歷史感，讓一位創造天地的神立體並生活化地具現人間。希伯來的上帝，有名的無名的耶和華（Jehovah）、伊羅興（Elohim）、阿多奈（Adonai）等，有不同的性格展現，在不同的歷史時空中顯示出威嚴與感性，有喜有怒、有極其殘暴地擊打祂要擊打的族群、有最寬厚的仁慈及憐恤，深不可測、卻又親切可及。另一方面，故事發生的歷史場景複雜多變、人情世態真實得有時令人難堪。人的自私、貪婪、驕恣、自相殘殺、彼此勞役、剝削、愚昧，以及他們的勇敢、無懼、智慧、對神的信服、對兄弟友人無私的款待等，都叫人咬牙切齒、刻骨銘心。

相對於希伯來聖經，大概因為對希臘哲學二元世界不甚了了，新約書信的說道始終未能完全投入。福音書則例外。耶穌的故事從出生開始就引人入勝，他與門徒及周圍社群的互動充滿睿智，他的神蹟亦滿載喻意，每每出人意表，叫人雀躍和期待。希臘羅馬時代的猶太社會人心叵測依然，但耶穌的悔改及饒恕的訊息，愛及罪人和仇敵的教導與身體力行則讓人動容。《聖經》之能躋身偉大文學經典之列，當之無愧，它的故事節節教人著迷。

喜愛《聖經》的豐富多元，與成為我認知世界的一個主要分析角度一直互為牽引。《聖經》的女性主義閱讀為我對這部基督宗教聖典的理解更添色彩。因著對二十世紀這個至關重要的文本分析工具的興趣，《聖經》於我不再是一份等待翻閱或記誦的文字記述，而是一本向生命開放的文本。它與讀經的人可以不斷交錯對話，讓閱讀成為一個來回穿梭歷史和當下的旅程。我曾借用保羅．利科（Paul Ricoeur）對三重文本世界的不同存在狀態（being-in-the-world、being-behind-the-world、being-in-front-of-the-world），引申作《聖經》閱讀過程的理解。《聖經》文本背後有深厚的歷史背境、其中有文字及敘事的各種表達形式和脈絡，還有不可缺的，就是文本面前的讀者和他們所身處的世界。只有三重閱讀並重，才可以讓《聖經》的豐富意義立體再現。

女性主義正好是引介讀者參與這互動閱讀過程的一個重要視角。有人誤以為女性主義閱讀會損害《聖經》的威權，將一些無關宏旨的邊際議題強加於本應完美無暇的神聖啟示之中。事實剛好相反，女性主義《聖經》閱讀突顯了人類在不斷探索認識神的路程上遭遇到的各種張力，將神的轉化力量變得更加真實。女性主義《聖經》閱讀令人可懼的，只是在檢視人的歷史過程中，揭露社會制度的不義，以及女性和其他邊緣族群如何被物化，成為父權宰制中可供買賣的財產。女性的性，常常成為她們被凌虐及置於低賤一角的源頭。

《神與性》一書令人可喜的是，它毫不隱晦地正面處理性別主義中的一個核心問題：性。無疑地，「男女之別」正在於性。〈創世記〉一開始拋出兩個創造故事，其重點也在於人的創造，就是設置性別，造男造女。原因很明白，人類繁衍的關鍵是性。我在大學教授「神話與想像」一課時，就喜歡比較不同文化傳統中的創造神話，以豐富同學對創造天地的想像和理解。中國少數民族流傳的一個創世神話，講述女媧在河邊照自己的形象用泥做了一堆小人兒嬉戲。直至小人兒一個一個死去，她才驚覺做得不全。於是她將新一批小人兒的一半各自加了個小辣椒，他們就生生不息。故事巧妙地將創造者和被造之人的形象相通，並把性別的創造和繁衍的重要都勾勒明白。

相對於〈創世記〉中人對性的「認識」導致受罰，美索不達米亞史詩中的恩奇杜（Enkidu）與女神相遇，通過六日不眠不休的親密交媾，正式擺脫獸性，「認識」文明。在這裡性不單為繁衍後代，更是令人進入到相互的關係之中，再轉化成為社會前進的動力。這歷史上最早的史詩故事將性與知識和文明連結，正好與麥可．庫根在《神與性》闡釋眾多希伯來經文中「性即認識」的意思相呼應。性的根本就是生命，是知識的起源，是神創造世界和人的關鍵所在。性究竟有何所懼？

《神與性》用最淺白的語言，最直接地援引經文作證，數說《聖經》中種種與性有關的故事、敘事、象徵和比喻，巨細無遺。庫根成功引證了《聖經》經文中看似處處就性進行約制、其實正是無處不性的說法。經文中牽涉尊貴族長、君王、長老等的亂倫、強姦、偷窺、強搶人婦、妻妾成群、出賣妾侍閨女，在男權社會中一概視若無睹，對受暴女性的無助不以為然。對於女性作為一個性別的載體，庫根非常著緊。秉承女性主義的嚴厲批判，他剖析經文世界中父權社會對女性尊嚴和價值的無視及貶抑，可說毫無懸念。

對於有關同性戀的經文，庫根是相當中肯的。一方面，大衛與約拿單的同性相親有其古代猶太社會重視兄弟情誼的濃烈背境，不宜妄加猜度。另一方面，將所多瑪的罪惡拉扯為同性戀之罪，並以毀滅所多瑪城作為神不容許同性戀的明證，則絕對不可苟同。若認真查閱，經文中男男同睡、女女的逆性關係，並不比其他貪婪或偷竊的罪重。經文的各自處境，如何通過文本的鋪陳，再與經文前面的閱讀者進行對話、溝通，而在上主的大愛中如何重新認識愛慾的關係及其精義所在，自是今日教會和信徒不能逃避的責任。

對於女性和性的關注，是否會對《聖經》不敬？關鍵在於女性與性是否與神聖相悖，以及怎樣去理解性作為神聖創造的核心部分。所以，最根本的問題是我們對性及《聖經》權威的看法。真正對《聖經》不敬的，不是關注經文中就性的談論，而是閱讀者忘記了經文要認真深入詮釋的需要，容讓自己受困於對性和《聖經》權威的惶惑與恐懼之中。恐怕那才是最大的不敬。

黃慧貞
亞洲基督教高等教育聯合董事會項目副總裁
香港中文大學文化及宗教研究系榮譽副教授

導讀——讓所有人得到自由與公義

麥可．庫根（Michael Coogan）教授出生於天主教家庭，曾經有十年時間在耶穌會裡學習。他於一九七一年在哈佛大學取得古代近東語言與文學博士學位，成為希伯來聖經／舊約聖經學者、教授和作家。在哈佛大學神學院任教時，他教授聖經相關課程，也帶領工作團隊在以色列、約旦和其他地區做考古工作。他發表許多關於古代近東和希伯來聖經／舊約聖經的著作，也負責主編牛津聖經研讀本和網路聖經資料庫。退休後，他繼續在美國麻州石山學院（Stonehill College）任教。

庫根在二〇一〇年出版《神與性：聖經究竟怎麼說》（*God and Sex: What the Bible Really Says*），引發社會各界許多討論。他提到自己寫作這本書的動機：在二〇〇三年以後，他在麻州親身觀察與體驗到，社會大眾對同性婚姻的辯論，贊成者與反對者雙方都引用聖經來支持自己的觀點。事實上，聖經並非一本書，而是由許多時期的作者在不同社會處境下，經歷漫長時間所完成的書卷集成，最後成為聖經正典。這些作者以各自不同的觀點來描述對上帝的經驗，呈現出多種聲音，而非一言堂。不少讀者或部分神職人員未能認識這項事實，仍以傳統觀念來讀聖經，以為聖經只有一種觀點、一種答案。儘管傳統認為聖經是上帝的話語，但聖經也是人類寫下的作品，需要透過解釋才能讓人理解。因此，現代讀者在解釋經文時，需注意到經文包含不同觀點的差異性，不能簡化爲單一聲調。

庫根在本書中指出，自己身為聖經學者有責任為更廣大的讀者，分享他在聖經研究上的成果。他說：「我的特定關注是聖經中的性，以及相關的性別範疇。眾多聖經作者認為的性道德及男女角色究竟是怎樣的？他們本身的文化預設如何影響到自己的觀點？它們是一致的嗎？它們仍然相關嗎？」因此，庫根在本書以「家庭價值」為焦點，檢視聖經不同作者的各種觀點。在後來的歷史發展中，有些觀點繼續被引用、有些被調整、有些則被放棄。在此脈絡下，思考聖經中哪些內容具有持久的意義。

在《神與性》一書裡，庫根有系統而廣泛地探討聖經如何談論性的本質與性別的相關議題，闡明聖經說了什麼／沒說什麼，澄清一般人對聖經的誤解。

首先，他在第一章引用〈雅歌〉裡描寫身體的詩歌，來說明古代以色列人對性的觀念，它反映出聖經世界的文化特殊性。尤其希伯來文以「認識」（yadaᶜ）一詞委婉表達「性交中的親密知識」。「認識」這動詞包含多層意義，需要小心解讀。其次，「露下體」、「腳」、「肉體」和「手」可能暗示性器官，具有性的含義。此外，在某些經文脈絡裡，動詞「進入」可能有發生性關係的含義。這些例子說明，經文以委婉修辭來表達「性」的關聯。

接著，庫根在第二章指出聖經的時代背景是父權中心的社會結構。在此制度下，男性（父親、丈夫）具有掌控支配的地位，扮演一家之「主」的角色。相對地，女性淪為從屬與次等的地位，甚至是家族主人「財產」的一部分。童貞少女是父親的財產，妻子受到丈夫管轄與保護；而寡婦未受到男性保護，則淪為社會邊緣人。這也是為什麼聖經裡大多提到男性的名字，而女性的名字幾乎很少出現。此外，女性在社會的公共角色經常被忽略以及邊緣化，除了少數有名字的女性之外，聖經中多數的女性經常是無名無姓的存在。在聖經的家庭故事裡，女性除了擔任母親的角色，其他身分經常被忽略。庫根也舉例說明從古至今的宗教領袖選擇性地使用經文，強化了女性從屬的地位。這種父權中心的觀念直到近來才被意識到，而提出批評與討論，改革父權中心的心態和觀念，以性別平權觀點重新解讀聖經。

本書第三章到第五章則陸續討論聖經裡有關性的幾個主題，包括婚姻、離婚、受禁止的性關係（姦淫、亂倫、同性性關係）、性暴力及性工作（賣淫）等。聖經時代對這些主題的觀點和實踐，與我們現代人的想法和觀念有所差異。例如古代婚姻依賴一家之主父親的安排，結婚對象來自相同族群（內婚制），並無自由戀愛的風氣。不過，偶爾也會出現浪漫式愛情（希伯來文「愛」），像是雅各愛上拉結。至於異族通婚（外婚制）可能帶來宗教認同的危機。聖經的婚姻還有一項特點是一夫多妻制。許多聖經人物是一夫娶多妻，如亞伯拉罕、雅各、摩西和大衛，所羅門更是特別顯著的例子。一個家族能多子多孫是福氣，故而「節育」不是選項。對於現代社會討論的「墮胎」問題（胎兒在母胎中的地位），經文並未提供直接的答案。此外，性與政治常有密切關聯，以色列諸王的婚姻經常和政治權力掛鉤。

在離婚的議題上，庫根指出，舊約提到允許離婚的條例和少數離婚案例。造成離婚的理由包括：妻子不貞，或得不到丈夫的喜悅。也有禁止離婚的理由：誣告妻子非處女，損害對方家族名譽。還有祭司不可娶離婚的女性為妻。新約在離婚問題的討論上，耶穌反對摩西律法中容許離婚的條文，他原則上反對離婚，除非妻子不貞才構成離婚的理由。不過，保羅雖知道耶穌「不可離婚」的禁令，但他卻允許非信徒的配偶要求離婚。換言之，聖經並未有系統地處理離婚的議題，沒有一致的看法。耶穌和保羅都未完全遵照「聖經」的原則，而是在新時代中給予重新解釋。後來的解釋者有分歧看法，是自然的結果。庫根強調聖經經文的多元聲音，對許多和性有關的議題並沒有統一的一致看法，不同時代各有不同解釋。他做了結語：「總之，關於結婚和離婚，經文都是不適合的指南：不僅充滿父權思想，而且不一致。然而，經文也把超越它的權力，賦予了那些將它視為權威的個人及群體。耶穌拒斥摩西的教導和妥拉，保羅則超越耶穌的教導，而歷代的信徒、特別是身處現代的信徒，同樣也選擇性地採用、修改、甚至捨棄了聖經對於結婚和離婚的說法。」

聖經中有幾處經文禁止或譴責錯誤的性關係。在猶太教—基督教中，十誡是聖經裡最重要的法律規範。第七誡「不可姦淫」禁止以色列男人和其他人的妻子發生性關係。這禁令的背景來自妻子是以色列男人的財產，「姦淫」的行為侵犯了他人的財產。而基督教會傳統傾向將「不可姦淫」這條誡命擴大詮釋為全面禁止「不道德的性」，包括「賣淫、色情產品、強姦、人工節育、亂倫、手淫、婚前性行為、離婚、多偶及同性戀」。然而，在聖經的脈絡裡，第七誡「不可姦淫」的禁令是放在「它涉及侵犯其他男人的財產」的觀念架構來理解。「不可姦淫」和財產有關，這誡命禁止男人去侵佔同家族另一男人的財產（包括他的女人們，亦即妻子和女兒）。

此外，舊約聖經禁止的性行為還包括：亂倫、和經期中的女性發生性關係、男同性間的性行為，以及人獸交。人獸交的行為造成不同種類間的混合。類似地，一個男人遭另一男性插入，就是被女性化了。混淆了男性是插入者的「自然類別」，所以這被插入的男性與插入者都觸犯了「混淆類別」的罪過。另有一些禁令也是基於「保持類別區隔」的原則來設定，像是禁止動物雜交、一塊田地撒下兩種不同植物種子、以兩種不同質料混合織布、或是穿著異性服裝等。對此，庫根提醒：「根據聖經權威來聲稱某些行為（如男人之間的性）在本質上是錯誤的，而其他行為（如穿羊毛和亞麻製成的衣服）則不然，這樣做很武斷：聖經作者們本身並未做出這樣的區別。然而，一些當代的衛道人士卻這麼做，他們堅持某些上帝賦予的禁令具有永恆的約束力，而輕率地忽視其他禁令也是上帝所賦予的。由於聖經其他段落也談到各種同性關係，並且特別因為該議題在今日的適切性，我們需要詳細檢視這個特殊類型的『禁止的關係』。」

在討論了六處論及同性性行為的經文之後，庫根做出結論：這些經文並未詳細說明「同性情慾」為何遭受譴責的原因和理由。保羅可能受到古代以色列「越界混合」禁忌的影響，而認為那違反「自然」。不過，當時「自然」的觀念認為，男性留長頭髮也是違反自然。可見這些觀念受當時的文化所影響。庫根還提醒，幾個世紀以來聖經譯本對一些特定名詞的不同翻譯和詮釋，也顯示出我們不只對於古代的語言和文化，還有對於性取向的理解，經歷了許多變化。

第五章在討論「強暴」的主題後，庫根做了以下摘要：對聖經時代的人物而言，不論通姦或強暴的行徑都是侵犯了受害女性的所有權人（亦即受害女性的父親、兄長、未婚夫或丈夫）的權利。至於遭強暴女性的身心創傷，則未被討論。在聖經時代，「性工作者」（妓女）是社會各階層中的一員，賣淫不被贊同。不過，已婚男性嫖妓卻不被視為通姦。〈箴言〉勸戒人不要浪費精力與金錢在嫖妓上。妥拉也禁止祭司娶妓女為妻，或讓自己女兒淪為妓女，這些將會傷害祭司的神聖職分。

值得注意的還有第六章討論上帝與性的主題，庫根強調上帝是性的存有（sexual being）。西方世界受到希臘化哲學的影響，傾向以抽象化來思考上帝的觀念。相對地，聖經以圖像式語言（隱喻）來描述上帝具有眼、耳、手、腳等器官，甚至還有胯下部位（〈以西結書〉一章27節）。不只如此，聖經內和經外資料指出，在公元前六世紀一神論神觀出現以前，以色列宗教存在多神的色彩，甚至有些線索暗示，上帝身邊還有配偶女神。公元前八世紀初在昆提勒阿吉魯（Kuntillet Ajrud）遺址考古出土的陶片銘文「耶和華與祂的亞舍拉（女神）」就是著名的例子。先知書甚至以嫉妒與暴虐的丈夫隱喻來比擬上帝。隨著一神論神觀確立以後，神祇夫妻的神話受到「重新解釋、淡化、甚至壓抑」，而沉潛於猶太教與基督教的背景中，例如上帝的妻子以色列、上帝與祂的智慧、還有馬利亞是「神子之母」都是明顯的例子。這些都說明上帝是性的存有，並非無性之神。

庫根在本書結論強調，詮釋聖經像是解釋憲法，歷代信徒和聖經之間存在一種不斷對話的關係，透過重新解釋、調整應用、甚或選擇性摒棄，在新時代裡實踐信仰的精神。重要的並非聖經的個別經文內容，聖經的整體原則（上帝讓所有人得自由和平等）才是根本。換言之，所有的經文需經「公正平等地對待鄰舍」（愛鄰舍）準則的檢驗。我們必須批判性地解釋聖經，好確認聖經裡「愛鄰如己」的基本原則能在各個新時代實踐出來。

從上述介紹可以看出，庫根將近年學者們在「宗教與性」的聖經研究上的豐碩成果，以流暢而淺顯的文字介紹相關主題的討論，同時以寬闊的視野引領讀者從多層面來思考及認識上帝與性的各種議題。無疑地，所有對這主題有興趣的讀者可以從這本書的內容得到許多啟發和挑戰，對此有更深入而廣闊的了解，激發更深入研究的興趣。

「讓所有人得到自由與公義」不只是現代民主社會追求的目標，也是千年來聖經對世人宣揚的根本信息。對此，庫根透過本書做了生動而清晰的闡述。

曾宗盛
臺灣神學研究學院舊約學助理教授

編輯的話——回到聖經去

宗教改革有一句口號是「回到聖經去」。這句口號表面上言之成理，惟在實踐上，需要分辨回到聖經的意思是什麼。打著聖經的旗幟，有時只按著聖經經文的字句（通常簡化為「道」），以上帝的話語為權威（將字句提昇為神性的「道」），而忽視聖經的字句及其翻譯、原來的處境脈絡，也無視讀者自己本身的歷史文化脈絡和觀念，將現代的種種觀念套入聖經的字句中，解讀成各種既成的觀念和態度，連帶聖經時代或明或晦的種族、文化、性別偏見及誤解都一併接收了。

所謂基於聖經的教導，便帶著上述的誤解和偏見，不能倖免。只是在愛神愛人的大誡命之下，隱含著固有的歧視。奴隸制度是典型例子，至上世紀八十年代，實施種族隔離政策的南非，仍有教會以聖經來支持黑人為次等的人類。這種思維令人想起歐威爾（George Orwell）的小說《動物農莊》中的一句名言：

「人人平等，只是有些人比其他人更平等。」同樣道理，「神愛世人，只是神愛一些人更多。」回到聖經去，是否要帶著這種偏見來理解聖經，甚至對應當今生活的世界？

回到聖經去，目標是什麼？究竟是回復聖經記載時代的生活和信仰模式，還是尋求聖經給現代人的生命意義？對基督徒而言，尋找上帝的心意，包括我們在世的使命，似乎是肯定的答案。惟千百年來，聖經影響著世界和整體人類，遍及不同種族、文化，也包括日常生活的守則。歷代無數基督徒竭力從聖經尋求理解上帝的道，即使目不識丁，也嘗試透過識字的人、崇拜禮儀（包括頌讚、聖道和聖餐）、禮拜堂的繪畫和裝飾，以至大眾流行的故事等來理解信仰。他們尋求理解的信仰，是否為回復聖經時代的信仰，還是以他們當下的脈絡來發掘信仰的涵意？

回到聖經去，我們很自然想起釋經，尤其是由專業的聖經學者提供的，也包括受過神學訓練的神學家和牧者。我們相信，聖經學者可以幫助我們穿越時空，了解經文的原初意思，也讓我們反省當今的意義。隨著時代發展，釋經學不單只從原文的字義來解釋經文的意思，更超越了僅由神學的角度和信仰的眼光解讀經文。即使目標是發掘經文的原初意思和信仰的解讀，也已包含和其他學科的交流與對話，如語言學、考古學、哲學、人類學、社會學、心理學及文化研究等。釋經過程中除了發掘經文的「原來」和「歷來」的意思，也嘗試扣連當代社會和人類的議程。可惜，這些學術上的交流在教會群體中並沒有很明顯受注視，一般都遭人忽視，甚至被擲一句「知識叫人自高自大」的金句。

無論如何，上述提及聖經時代的偏見和誤解，在教會中仍然存在。所以，有些信徒會覺得生活在教會內外，好像兩個世界一樣，兩個世界可以區隔，互不相容，以致在生活中信仰只存在於教會和內心，未能與其他生活範疇扣連起來。想認真實踐信仰的信徒，苦於如何在生活中帶出信仰的適切性，讓身邊的人不會覺得基督徒只是一班不食人間煙火的人。這種「分別為聖」的生命，是否為聖經所推崇的，也會成為他們的掙扎。回到聖經去是否就是這樣？

回到聖經去，其實需要勇氣，要面對聖經時代和我們現在很不一樣的世界。正如庫根（Michael Coogan）所說，進入聖經的世界，就如進入異邦／域。表面上好像是一樣的事物，意義可能很不一樣。至少，我們發現過去一些理所當然的事物，需要重新檢視，以幫助我們和現今的世界再度連繫起來。回到聖經去，也是為了返回現今世界，重新演繹信仰在當今的意義。

中文版編輯說明

《神與性》（*God and Sex*）原著引用的聖經經文主要為作者按原文翻譯，也會選用不同英文版本聖經。本書翻譯按原著的經文版本及譯文的含意，採用《現代中文譯本修訂版》、《新標點和合本》，以及依作者的譯文譯為中文，並於註釋中的經文出處標示上述兩個版本或另譯。內文出現的聖經人物及地方，統一使用《新標點和合本》的譯名，若引用《現代中文譯本修訂版》的經文中譯名有異，在其後以方括號〔〕加上《新標點和合本》的譯名。

此外，作者也引用希伯來聖經（一般稱為舊約）以外的典籍，部分為羅馬天主教及東正教視為正典，本書相關翻譯皆引自《基督教典外文獻——舊約篇》（香港：基督教文藝出版社，2002-2004）。

序言

聖經時常出現在新聞報導中。牧師、教宗、政客及專家，慣常引用聖經為回應各類議題時不容質疑的權威，以廣泛支持各種分歧的觀點。尤其是在美國，超過百分之九十的家庭都擁有聖經，[1] 這本遠古的書在關於「家庭價值」的文化戰爭中受各方頻繁引用，大多是和生物性別（sex）及社會性別（gender）的議題有關。

美國福音信義會（Evangelical Lutheran Church in America）在二〇〇九年八月舉行的雙年會上，經過論辯後最終通過一項決議，允許其神職人員擁有「終身、單一配偶、同性的關係」。[2] 美國福音信義會藉著此舉，加入了其他自由派的猶太教和基督教群體，對同性婚姻（目前在美國五個州和七個國家是合法的），[(1)] 或更廣泛來說，對同性民事結合或同居伴侶關係（世界上有許多國家和地區予以承認），給予宗教上的批准。來自保守的信義宗教友及其他基督徒的反應，迅速且毫不含糊：這是異端的決定，甚至是異教的，因它違反了在聖經中啟示的上帝話語。然而，這項決定（如同其他宗教團體的相似行動）的支持者，也宣稱他們的看法符合聖經的教導。新聞報導信義宗會議的，便說是「聖經經文的殊死決鬥」。[3]

身為麻省（Massachusetts）的居民，我近觀了這場同性婚姻的爭論。二〇〇三年，麻省最高法院裁定，禁止同性伴侶結婚違反了麻省憲法（Massachusetts Constitution）。[4]在接下來持續進行的全國論戰中，聖經被用來當作反對同性婚姻的論據，令身為聖經學者的我既發笑也感到苦惱。誠如一個琅琅上口的口號這麼說：在伊甸園裡的是亞當和夏娃，並非亞當和史蒂夫。而且據說從太初開始，[5]婚姻便是一男一女之間的事；事實上，直到聖經時代晚期，一夫一妻制才成為規範。然而，儘管同性婚姻和廣泛來說同性戀的反對者——很像十九世紀的奴隸制度擁護者——誇大其詞，但在某種程度上，他們擁有贊同己方的聖經權威。不過，這些論戰中的其他陣營同樣援引聖經來支持自己的觀點，而在某種程度上，他們也是對的。

然而，聖經（Bible）究竟是什麼？雖然 bible 這個字意指「書」，但聖經並非以一本完整之書的樣式遞給人類——由上帝所寫，再由 Amazon 以收縮膜包裝運送，或者從 Kindle 或 iPad 下載而得。聖經其實是一部選集，從古代以色列、早期猶太教，以及基督教最初一百年左右（針對基督徒）的各種文本挑選所成。那些文本稱為經卷，並且就像其他的書籍一樣，它們的作者是人，而許多作者從經卷內容就可明確識別：如阿摩司、以賽亞、耶利米及保羅。有時這些經卷也會描述它們書寫下來的過程。耶利米兩次讓他的抄寫員巴錄記下他口述的話；[6] 而保羅寫了幾封信給希臘城市哥林多的基督徒，其中一封是由他口述內容，並加上他親筆寫的附言。[7] 這些經卷經歷好幾個世紀才寫成，而它們就像所有其他書籍一樣，反映了作者群（幾乎全是男性）與不同社會（寫作場所及書寫對象）的各種預設和成見、理念與理想。

聖經如同其他的選集，是經過挑選的——它並非完整的合集。聖經作者通常會參考他們當作資料來源的其他書籍。我個人很喜愛的《上主的戰記》，是〈民數記〉引述一首古詩的資料來源。[8]《上主的戰記》並未保存於聖經中，也不曾被考古學家或尋寶者發現，我卻多麼想能夠讀到它。同樣地，保羅提到

(1) 編按：二〇一五年六月二十六日，美國最高法院裁決同性婚姻合乎聯邦憲法，全美五十州必須承認同性婚姻。目前全球共有二十六個國家，同性婚姻是合法的。

他寫了好幾封信給哥林多信徒，但只有兩封保存在新約中。[9]所以情況是這樣：聖經有許多資料來源，只有其中一些被納入聖經的各經卷中。同樣地，古代以色列、早期猶太教及早期基督教的各種神聖作品，只有一部分被包含在後來的聖經中，即被視為具有特殊權威的聖經正典。我們可以做點有根據的猜測，為何某些作品遭到刪除。當宗教領袖在組建自己的正典時，一些作品可能被他們視為異端；而其他作品則可能沒有正當的系譜證明。然而，這些非正典作品中有許多存留至今，且提供了各聖經經卷背景的重要線索。

那些經卷的作者實質上詮釋了他們對上帝的經驗，以及那經驗對於他們生命的含意。對古代的以色列人來說，那位上帝就是耶和華（Yahweh）——慣常稱為的「上主」，且持續至今為猶太教徒、基督徒及穆斯林以不同的名稱與稱謂所崇拜。根據記載，祂以耶和華的身分向亞伯拉罕、摩西、眾先知及其他人啟示自身。但這些公認的啟示往往顯得不一致。例如，在十誡中，耶和華宣稱祂要為了祖先的罪，而懲罰百姓至三、四代的子孫。[10]但幾個世紀之後，祂向先知以西結說話時，祂似乎改變了心意：

兒子不必為父親的罪受折磨，父親也不必為兒子的罪受折磨；好人將因行善得報賞；壞人將因作惡受懲罰。[11]

xv

顯然，不同的作者具有不同的觀點。像這樣的不一致情形，首先要求那些認為聖經具有權威的讀者，得研讀整本聖經，而非輕率地僅挑選符合自己觀點的章節。其次，這種不一致情形引發，甚至要求詮釋：如果經文本身反映出發展中或至少是分歧的觀點，那麼聖經的讀者就必須仔細地、嚴謹地檢視經文。鑒於聖經享有的巨大影響力，這點尤其確切。

從啟蒙時代以來，解開聖經形成的複雜歷史，一直是聖經學者的主要工作內容。他們——或者更確切地說我們——已能夠追溯聖經宗教及其各種思想學派的發展，並且推斷出聖經本身所包含的多重資料來源，以說明聖經的重複及不一致之處。大部分的聖經學者對於各種研究方法和結果都有一致的看法。但遺憾的是，我們還無法改變大部分非專家對聖經的看法，甚至包括許多神職人員。人們仍然簡單、明確地認為，聖經是上帝的話：上帝是經文的作者。即使是普通人也能看出這種說法的問題。如果上帝撰寫聖經，那麼祂就是一位健忘的作者。上帝頒下十誡給摩西是在西乃山，還是何烈山？殺死歌利亞的是大衛，還是伊勒哈難？耶穌最後的晚餐是否為逾越節的筵席？關於這每一道問題和其他無數的問題，聖經給出不只一個答案。如果上帝撰寫聖經，那麼祂也是一名糟糕的作者——同樣的故事一次又一次地敘說與重述，並有許多變化，且以極
xvi
不同的風格呈現。這些不一致及重複之處，只能用多名人類作者來解釋。這些

結集為迷你書庫，最終成了聖經的，是人類作者的作品；而需要加以詮釋的，也是他們的作品。

我寫這本書是基於一個信念：聖經學者有責任為更廣大的讀者，探究其研究成果的意義。我認為，學者的羞怯往往阻礙他們，發表自己就聖經如何適切各種當代議題的想法。這個領域過分留給業餘者、過度虔誠者及狂熱者——而當聖經作為主題時，每類人都多得很。我的特定關注是聖經中的性（sex，包括人的性與神的性），以及相關的性別（gender）範疇。眾多聖經作者認為的性道德及男女角色究竟是怎樣的？他們本身的文化預設如何影響到自己的觀點？它們是一致的嗎？它們仍然相關嗎？

因此，這是一本關於如何閱讀及使用聖經的著作，聚焦於「家庭價值」。一位睿智的同事曾說：若你知道竅門，便會看到聖經中「性」幾乎無處不在。在接下來的章節裡，我們將從人們通常察覺不到性的地方，把性找出來。我們將探索「愛情如死之堅強」[12]的奧祕。我們將檢視聖經作者的各種觀點，他們的觀點通常和我們的不一樣，且時常都有問題。我們將查看在歷史中，各種聖經教導如何遭到挪用、調整且有時被捨棄，我們也將思考聖經怎樣可以具有持久的意義。

第一章
聖經中的「認識」
談論性

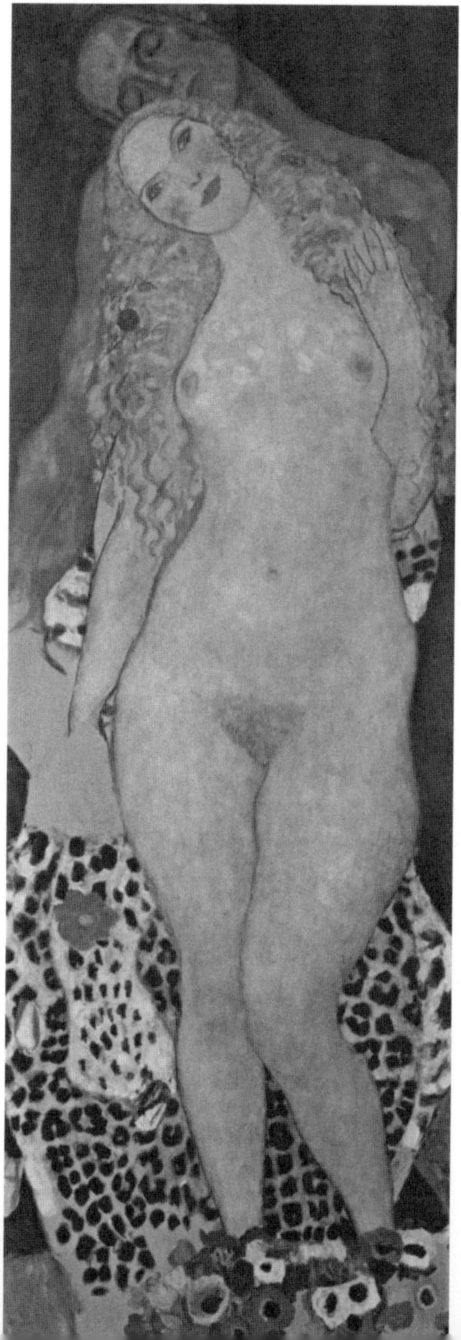

克林姆（Gustav Klimt），〈亞當與夏娃〉（*Adam and Eve*, 1917-1918），未完成作品。

（Gustav Klimt, *Adam and Eve*. Österreichische Galerie, Vienna.）

3 「過去宛如異邦：那裡的人行事很不一樣。」這是哈特力（L. P. Hartley）
的小說《幽情默使》（*The Go-Between*）[1]的開場白，小說中一名中年男子發
現了自己十二歲時所寫的日記。這個故事裡，過去只是他自己的過去。但那句
話卻是歷史學者經常引用的雋語，他們有很好的理由：當我們研究過去時，必
須了解那裡的人如何行事，要小心，別把我們自己的價值觀和社會觀念投射到
其他的文化中，並且承認那裡的詞彙可能具有不同的意義和細微差異。

讀聖經時，我們需要知道自己正進入一個異邦。儘管聖經在猶太教和基督
教中的地位，令其中的各種語言、文化及價值觀在某些方面看似熟悉，卻在許
4 多方面和我們的不一樣。甚至對待像「性」這種人類普遍的經驗，在聖經的世
界裡是具有文化的特殊性。以下的例子來自〈雅歌〉，連綿、奇異而撩人的情詩，
詩中兩個情人彼此描述對方的身體。首先，這名男子從頭往下逐步形容他的愛
人：

我親愛的，妳多麼美麗，多麼美麗！
妳的眼睛像鴿子的眼睛，
在面紗後面閃耀著愛的光輝。
妳的頭髮像一群山羊，

從基列山跳躍著下來。
妳的牙齒如新剪的毛，
像剛剛洗刷乾淨的綿羊一樣白，
成雙成對地排列著，
一顆都不缺少。
妳的嘴唇像一條朱紅色絲帶；
妳開口說話時秀美動人。
妳在面紗後面的雙頰泛紅，
像裂開兩半的石榴。
妳的脖子像大衛的高塔，
圓直牢固，
掛著的項鍊像成千勇士的盾牌。
妳的雙乳像一對羚羊，
像孿生的小鹿在百合花中吃草。
我要往沒藥山，
到乳香岡上，
等清晨的涼風吹拂，

5

黑夜逐漸消逝。
我親愛的，妳多麼艷麗！
妳多麼完美！[2]

之後，他接著由腳向上逐步形容：

儀態萬千的少女啊，
妳穿著涼鞋的腳多麼美麗！
妳大腿的曲線是藝術家的傑作！
妳的肚臍［凹處］[3] 像一個圓圓的酒杯，
裡面盛滿著美酒。
妳的腰像一束麥子，
四周圍有百合花圍繞著。
妳的雙乳像一對孿生的小鹿，
像一對羚羊。
妳的脖子像象牙的塔；
妳的眼睛像希實本城的水池，

靠近那著名城市的門邊。
妳的鼻子像黎巴嫩塔那麼可愛，
朝著大馬士革屹立。
妳的頭挺立像迦密山。
妳的秀髮像光澤的緞子，
把君王的心都迷住了。[4]

但這不只是男性的窺視；那名女子也描述了她的愛人，儘管少了幾分身體構造的細節。

我的愛人英俊，健壯，
是萬人中的佼佼者。
他的頭像精金；
他的頭髮像波浪，
[6] 像烏鴉那麼黑。
他的眼睛像溪水旁的鴿子，
用奶汁洗淨，站在溪流邊。

他的兩頰像花圃那樣可愛，
種滿了香草。
他的嘴唇像百合花，
給沒藥汁潤濕了。
他的雙手均勻，
帶著鑲寶石的手鐲。
他的軀幹像光滑的象牙，
鑲嵌著藍寶石。
他的雙腿像白玉柱子，
安在煉淨的金座上。
他的儀表像黎巴嫩山那麼雄偉，
像高聳的香柏樹。
他的口香甜可吻；
他多麼使人迷醉！
耶路撒冷的女子們哪，
他就是我的愛人，我的伴侶。[5]

這些關於身體的描述，是對性吸引力的普遍表述：愛人身體的各個細部都令情人著迷。然而，這些描述也給我們一扇窗，通往一個迥異的世界，那個世界裡有奇特的植物和動物、蔚為奇觀的地貌，以及獨特的審美觀：今天有任何男性敢把他愛人的鼻子比喻為一座山中塔，或將她的頭髮比喻為一群山羊？

在聖經古時，就像是在異邦，那裡的人們不僅行為舉止很不一樣，他們也說著不同的語言，那些語言有獨特的慣用語，包括用來指涉「性」的慣用語。一個用來表示性交的熟悉聖經用語是「認識」（knowing）——正如「聖經中認識的意思」（to know in the biblical sense）這個片語所說的，它意指與人發生性關係。這個被譯為「認識」的希伯來文動詞，可以（且通常是）指涉我們所謂的智性知識，但在聖經中超過十多次，卻指：出現在性交中的親密知識——「情慾知識」。因此，在被逐出伊甸園之後，這個男人（很快就被稱為「亞當」）「認識了他的妻子夏娃，她就懷孕，生下該隱。」[6] 同樣地，根據戰爭法則，據說以色列人殺掉所有的敵人：各個年齡層的男性，以及所有女性，除了處女，也就是「那些尚未與男性同床而認識男人的女子。」[7]

聖經的一些現代譯本，將這個字面為「認識」的動詞，動態地翻譯成在這些脈絡下的意思——「與人同床」、「與人發生關係」或「與人性交」。這些是正確的意譯，但當「認識」這個動詞用在別處時，這些意譯便阻礙了讀者辨識性的細微差別。例如，當先知阿摩司以上主之名說話時，他告訴以色列人：「在地上萬族中，我只認識你們。」[8] 對阿摩司來說，上帝和以色列之間有一種獨特的關係，此關係具有隱喻上親密的面向：以色列是上帝的新娘，祂是她的愛人、她的丈夫，祂「認識」她。

「認識」所具有的「性」的弦外之音，闡明了伊甸園故事的一層意義——那對男女吃了「使人辨別「認識」善惡的樹」所結的果子。伊甸園中的禁果是什麼？我們從大衛王生平的一段經歷得到線索。在他的兒子押沙龍叛變期間，大衛被迫逃離首都耶路撒冷，流亡於外約旦地區，忠誠而富有的臣民巴西萊追隨著他。當押沙龍被擊敗後，大衛要重返耶路撒冷取回王座。巴西萊陪同大衛直到約旦河邊，在那裡大衛對他說：

「你與我同去，我要在耶路撒冷那裡養你的老。」巴西萊對王說：「我在世的年日還能有多少，使我與王同上耶路撒冷呢？僕人現在八十歲了，還能嘗出飲食的滋味、辨別「認識」美惡麼？還能聽男女歌唱的聲音嗎？僕人何必累贅我主我王呢？」[9]

大衛王賜予巴西萊宮廷的享樂，作為他忠誠服侍的報償：王室盛宴、皇家樂手，以及「美惡」（我詮釋為「後宮」）——換句話說，就是美酒、女人及音樂。[9]但那時高齡的巴西萊聲稱自己太老了，以致無法享受這些逸樂。

那麼在伊甸園裡，這對男女吃了使人認識善惡的樹所結的果子，此處有另一種迂迴表達，因為「吃」是用來表達「性」很普遍的委婉說法，就如一則聖經箴言所示。

> 不貞的妻子行為可恥：
> 她偷吃了，把嘴一擦，
> 說：「我沒有做過什麼壞事！」[10]

顯然，這則箴言所涉及的遠不止於餐桌禮儀。當那對男女吃了禁果後，立即辨識出自己是赤裸的。伊甸園裡並沒有性教育——用托瑪斯（Dylan Thomas）的詩句來說，只有「亞當和處女」（Adam and maiden）。他們的第一次性經驗開了眼界：他們如今「認識」過去不認識的事（包括自己性的本質），所以他們用後來眾所周知的無花果樹葉遮蓋自身。誠然，把吃了使人認識善惡的樹所結的果子理解為性交，只是一種可能的詮釋。這並不排除其他的詮釋：在聖經中，正如一般的文學作品，多重層次的意義（包括性的影射）是十分常見的，通常是刻意表現的。[10]

其他提及性交的經文，也會使用帶有特定性含意的一般用語。其中最常見的是一個意指「與人同床」或「與人共寢」的希伯來文動詞，和英文的用法相似，同時具有原本的意義和性的意義。另一個動詞的意思是「去、進去、進入」，按照字面就很明白了。這兩個動詞可以單獨使用，有時也會一起使用，讓意思更加清晰。例如，雅各最愛的妻子拉結沒有孩子，而她的姊姊利亞（雅各眾妻的首位）已為丈夫生了四個兒子。其中一個兒子呂便在田中找到一些風茄「催情果」（mandrakes），該植物在許多文化裡都被視為一種春藥，可增強生殖能力：鄧恩（John Donne）多麼難以置信地寫下「用一條風茄根生出個孩子來」。由於拉結急切地想要孩子，便允諾利亞與丈夫同房一夜，以換得風茄。她對姊姊說：「今夜他可以與妳同床。」於是利亞告訴雅各：「你要進入我裡面。」[11]同樣地，約書亞差派去窺探耶利哥的探子，進到名叫喇合的妓女家中並在那裡「就寢」，當耶利哥王聽聞此事便對她說：「把進去妳裡面的男人交出來。」[12]

另一個用來指涉性交的詞彙是「露下體」（uncovering the nakedness），

在一大串禁止性交對象的名單中會反覆使用：母親、姊妹、姑母、姨母、媳婦、嫂嫂等。[13]「下體」（nakedness）意指男女的外生殖器，也可指生殖器附近的幾個下肢部分，像是胯部、大腿、足踝，特別是腳——另一種常見的委婉說法。例如，在聖經（如同其他古代文獻）中，我們看到關於古代圍城戰事恐怖景象的生動描述。其中一則這樣的描述，預視了耶路撒冷的毀滅，那是上帝對以色列悖逆的懲罰；那則描述發出警告：在那可怕的日子，女人將吃掉她的胎盤，「她兩腳中間出來的胎衣。」[14]先知以賽亞運用同樣的委婉手法來宣告，耶和華將透過亞述王來懲罰以色列百姓，亞述王將剃除他們全部的體毛——「頭髮、腳上的毛，甚至是鬍鬚」[15]——象徵將他們弱化為未到青春期的弱質男孩。

在〈路得記〉裡，我們也發現「腳」帶有「生殖器」的意思；女主角路得是個寡婦，她想嫁給富有的親戚波阿斯。在秋收季節，波阿斯睡在自己的禾場，半夜時，路得「掀開他腳上的被」。遭驚嚇（並不是因為腳趾冷）的波阿斯說：「妳是誰？」她回答：「我是你的婢女路得。求你用你的衣襟遮蓋我，因你是我法律上的至親。」波阿斯邀請路得留宿一夜，她便「躺在他的腳邊」，直到天快亮。[16]

同樣地，〈士師記〉記載了公元前二千年晚期，以色列史上的女英雄雅億，她是基尼人希百的妻子。根據第四章所載她的故事的散文版本，在以色列人擊敗迦南人的一場戰役後，雅億邀請逃亡的迦南將軍西西拉進到她的帳篷，並給他羊奶解渴。當西西拉疲乏沉睡時，雅億殺了他——用釘帳棚的木釘釘進他的太陽穴。[17] 但在下一章，有一個關於該事件較古老的詩文版本，即著名的「底波拉之歌」，是這麼寫：

他跪在她的兩腳之間，
他倒下，他躺臥：
他在下跪之處，倒地不起。[18]

這首古老的詩暗指雅億誘惑西西拉，並在他性交後疲累熟睡中殺了他，這段性的影射被之後的散文作者省略了。

「腳」這個字，在一則關於摩西和妻子西坡拉的簡短故事中，也具有相似的含意。摩西剛成年時，曾因殺人而逃避埃及的法律制裁。但當上帝在沙漠的焚燒荊棘中向他顯現，便命令他回到埃及，並帶領以色列百姓從埃及前往應許之地。摩西是一名心不甘情不願的先知，他以一連串的反對理由來抗拒上帝的呼召，但最終上帝說服了他。在他返回埃及的路上，途經一處，他、西坡拉及年幼的兒子在那裡過夜，「耶和華遇見他，想要殺他。」在此，這位神祕（甚至是非理性）的神被描繪成惡毒的夜魔，如同在聖經別處的記載——先前，祂同樣在夜晚攻擊雅各，[19]而祂將在恐怖的第十災之夜對埃及人做相同的事，即殺光埃及地所有的頭胎，「從繼承王位的太子一直到在磨坊裡做奴工的婢女所生的兒子，都要死亡。頭胎的牲畜也都要死亡。」[20]為了躲避這位夜行之神，以色列人將羊羔的血塗抹在門框上，就像他們後來把護身符門框經文匣（mezuzah）掛在門上，使其無法逼近。

故此，耶和華是試圖殺害摩西的，但為什麼呢？西坡拉清楚知道原因——因為摩西未受割禮。而且她知道該怎麼做：

> 西坡拉拿了一片火石，割掉她兒子的包皮，用它碰他〔摩西〕的腳。對摩西說：「你真是我用血換來的丈夫。」因此，上主就沒有殺摩西。她才說：「割禮的血換來的丈夫。」[21]

簡言之，西坡拉拿著一塊血淋淋的包皮，那是她靈巧地從兒子的陰莖上割下來的（這裡看到女性扮演著割禮施行者〔mohel〕的非典型角色），然後用那塊包皮碰觸摩西的「腳」（他的陰莖），以此欺哄嗜殺之神，使其以為摩西本人剛受完割禮。這是在極其陌生的異域中，一位多麼古怪而神祕的上帝啊！

聖經中並非每次出現「腳」就一定是委婉的說法，[22] 就像有位朋友曾問我，這種意義是否也適用於這節經文：「那傳『平安』的，這人的腳登山何等佳
14 美。」[23] 另一方面，當我向學生解說這事時，他們通常會詢問那名滴濕並親吻耶穌腳的女人，[24] 在這個例子裡——就像古代和現代各種想像力發揮所示——可能存在性的影射。

另一個指涉外生殖器的字眼是「肉體」。來自男性「肉體」的精液或異常外洩物，以及來自女性「肉體」的月經或其他排出之物，使其「不潔」（儀式上的不純淨），而無法參與社群的宗教儀式。有些字專門用來指男性的器官；其中一個是「手」。兩個不同的希伯來文通常譯為「手」。一個字面上意指前臂，從指尖到手肘；[25] 另一個則指涉我們所說的「手」，從指尖到手腕。[26] 前者由於和勃起的陰莖外型相似，所以是陰莖的委婉表達。這種用法的一個好例子來自烏加里特語（Ugaritic），那是公元前二千年的語言，和希伯來語有密切關係。在一則敘述「黎明」（Dawn）和「黃昏」（Dusk）（「美麗而慈祥的神明」）的受精及出生的烏加里特神話中，我們讀到，當至高神埃爾（El）瞥見兩名女性（或女神）時，

埃爾的手伸得如大海一樣長，
埃爾的手如大洋一般〔長〕。

指涉「手」的相同委婉含意，出現在死海古卷（Dead Sea Scrolls）社群守則中的一條：「無論是誰從他的衣服下取出自己的手，且讓人看見他的下體，將被處罰三十天。」[27] 這種委婉表達也可見於聖經。在〈以賽亞書〉中，先知以上主之名說話，譴責被擬人化為女子的以色列崇拜其他神明，這種崇拜在先知的誇飾法中具有性的成分：

妳在門及門框後立起妳的假陰莖，
……妳袒胸露背，爬上自己的床，使其擴張，
妳與他們立約，
妳喜愛他們的床，
妳注視著他們的手。[28]

「假陰莖」（dildo）一詞確實有點刺耳。雖然那是一個很好的英文詞彙——班．強生（Ben Jonson）、莎士比亞（Shakespeare）及奧登（Auden）等作家

都有使用——但聽起來的確有點猥褻。我選用這個詞，因為我認為那正是先知想傳達的：以色列像是一名放蕩女子。這個詞也闡明了譯者所面對的難題。這個希伯來字在此可意指「男性」（因而是「假陰莖」），或「紀念物」。「紀念品」（re-member-ance）這個被發明出來的詞，結合了兩種意思且傳達出歧異性。[29]

所有文化都會運用委婉修辭——對於性、身體功能（如大小便）及死亡的文雅迂迴表達。聖經的作者們，在運用精確的臨床和解剖詞彙來表達性行為和性器官時，同樣有所保留。這樣的含蓄也可見於聖經的晚期歷史，即當聖經成書的時候。例如，一名古代抄寫員或許對約書亞所派探子的目的地感到困擾，而在耶利哥王對妓女喇合所說的話上添加了解釋性註解——「進去妳裡面、進到妳屋裡的男人」[30]——好讓讀者不太會認為，探子去喇合家是基於男性找妓女的常見原因。聖經的譯者也顯露相同的拘謹，像是他們將先知以西結對埃及人的描述譯為「縱慾」和「淫蕩」，儘管後面的章節本身毫不隱晦，描述埃及人「體格像野驢一般雄壯、精力像野馬一樣充沛」。[31]我們將不斷回到翻譯的問題上，由於要知道聖經的意思是什麼，我們必須先知道當它被寫下來時的意思為何，而這一切都始於字詞本身。

當我們知道一般字眼會用來指涉性行為和性器官，就讓我們回到〈雅歌〉。在〈雅歌〉中，這名女性情人描述（或渴望）她的愛人到自己身邊。

我雖然躺著，心裡卻清醒；
我夢見愛人在門外敲門。
「親愛的，讓我進來吧，
我的愛人，我的鴿子。
我的頭上滿是露水，
我的頭髮被夜霧溼透了。」
我已經脫了衣服，
怎好再起來穿衣呢？
[17] 我已經洗了腳，
怎好再弄髒呢？
我的愛人從門縫伸手進來，
因他的靠近，我心跳不已。
我正要開門讓愛人進來；
當我握著門柄時，

我雙手滴下沒藥，
指頭滴下沒藥汁。
我為我的愛人開門……。32

這是敘事、作夢或幻想都無關緊要：這種語言表達是情慾的。難怪第一世紀晚期的巴勒斯坦小酒館中會吟唱這詩，而為著名的拉比阿奇瓦（Rabbi Akiva）所堅決反對。一九六〇年代初期，當我在一所與世隔絕的天主教神學院讀書時，有各種聖經可供我們閱讀和研習，但許多聖經裡的〈雅歌〉都被小心地剷除，以免它的情色語言成了所謂的「罪的契機」。

聖經作為一本跨越多個世紀才生成的作品合集，用各種聲音來說話、甚至吟唱，像是某種多聲部樂曲（polyphony），有時和諧，有時吵雜。〈雅歌〉是這些聲音裡最抒情且最迷人的其中一種。在這個異邦（聖經的世界）中，〈雅歌〉是一座充滿世上喜樂的園子——盡是茂盛的百合花、無花果樹、葡萄藤及鳳仙花灌木，斑鳩、狐狸及羚羊，蘋果、葡萄乾及石榴，柏樹、香柏樹及棕櫚
18 樹——是一座名副其實的伊甸園。而令人喜樂之物不只是大自然中的那些：在這個地方，性——未婚的性、為了性本身而不只是為了生育的性——備受歌頌。雖然〈雅歌〉並非女性主義小冊子——女人還沒有男人擁有的自由，並且受她

兄弟及其城市的道德守護者支配——但在〈雅歌〉裡（聖經中沒有別處），我們聽見一名女人的聲音。還有另一個反常情況——〈雅歌〉並無一處以任何名義提到上帝。[33]

然而，令人高興的是這個世俗的情詩合集是聖經的一部分（可能是連繫著所羅門之名的緣故），而當我們聆聽聖經的多聲部樂曲裡的其他聲音時，我們應當謹記這種對於互相欲求的特殊表達。

第二章

他要管轄妳

女人的地位

「上帝、亞當與夏娃」(God, Adam, and Eve)，出自《人類拯救之鏡》(*The Mirror of Human Salvation*，十五世紀法國)，前景是看起來宛如教皇的上帝，命令亞當不可吃認識善惡樹的果子；背景的右邊則是亞當將命令轉告夏娃。

(*The Mirror of Human Salvation*. God, Adam, and Eve. Réunion des Musées Nationaux/Art Resource, NY.)

21 〈創世記〉第一章告訴我們，當上帝創造人類時，「祂造了他們，有男，有女。」[1] 這位作者指的是男性和女性的生理差異——性器官及生殖功能。然而，在〈創世記〉接下來的兩章，另一位作者提出各種性別議題，乃屬於文化而非生物的範疇——社會如何基於這些差異，建構出它的習俗、法律、制度及價值觀。

22 在那幾章經文中，伊甸園的故事始於一個田園般的樂園。在這座園子裡，除了那些賞心悅目且結出營養果實的樹木，還有兩棵特別的樹。一棵是生命樹，它能給予不朽；另一棵是辨別善惡的樹，它的果子不可以吃。我感到納悶的是，如果上帝並不希望那對男女去碰觸這棵樹，為何祂要把它放置在親自打造的園子裡？難道這是顯然不具備全知能力的神，給予祂所揀選之人的第一項試驗？無論如何，這對男女違抗了上帝的命令。他們的懲罰，就是他們自己及後代子孫的死亡：他們被逐出園子而無法再接近生命樹。對女人而言，懲罰還包括從屬於男人：「妳對妳的男人有慾望，而他要管轄妳。」[2] 根據聖經，由此開啟了上帝命定女人為從屬的典範。

在聖經的世界，如同在較廣義的古代（而在某些方面，今日亦然），是壓倒性的父權制社會。基本單位是「父［親的］家［庭］」（house of the father），即由男性族長掌管的延伸核心家庭。世系是透過父親來追溯的：男人通常被識別為其「父親的兒子」，如約書亞為嫩的兒子，以賽亞是亞摩斯的兒子。女人也有類似的身分識別，至少是在結婚之前，如利斯巴是愛亞的女兒，以斯帖是亞比亥的女兒。結婚之後，女人也可透過其丈夫來識別，如拔示巴是以連的女兒、烏利亞的妻子，雅億是希百的妻子。

世系連繫著繼承。大部分的遺產都傳給長子，所以在〈創世記〉的家譜（長串「所生的」名單）中，通常只有長子列名。

> 當塞特一百零五歲時，生了以挪士。生了以挪士以後他又活了八百零七年，並且生了其他兒女。故此塞特共活到九百一十二歲，便死了。[3]

當其他兒子有助於追溯家譜連結或故事情節時，他們也會被列名。

> 他拉七十歲那一年，已經作了亞伯蘭、拿鶴、哈蘭的父親。[4]

在這個父權架構中，女人（女兒、妻子、母親、姊妹）都是從屬的，而且就像年紀較小的兒子一樣，通常不會提及。即使她們具有敘事上的重要性，往往也不獲具名：我們從來不知道挪亞的妻子、羅得的妻子、耶弗他的妻子、參孫的妻子、約伯的妻子，以及許多其他著名女性的名字。

女性不只在家庭結構中是從屬的，她們也被認為本質上是次等的。理論上，所有東西（甚至任何人）都可以獻給上帝。但沒有一個例行活人獻祭的社會可以長存，這種做法在古代以色列通常被禁止。因此，以色列發展出一套精心設計的替代系統，讓向上帝許願之人可被贖回，也就是

24 買回來。以下的表單顯示等價的關係：[5]

這份表單分成不同的年齡組。新生嬰孩未被提及，是因為新生兒死亡率高。除此之外，在各年齡組中，女性的價值都低於男性。

這種父權偏見，也有社會性的表現。丈夫和父親對於他們的妻子和女兒，具有差不多絕對的支配權。撒拉稱她的丈夫為她的「主」，[6]後來亞伯拉罕也被稱為她的「主人」。[7]這兩個詞彙

	男性	女性
六十歲以上	銀十五舍客勒[(1)]	銀十舍客勒
二十至六十歲	銀五十舍客勒	銀三十舍客勒
五至二十歲	銀二十舍客勒	銀十舍客勒
一個月到五歲	銀五舍客勒	銀三舍客勒

都表明妻子的身分地位：她在丈夫的管轄之下，她是丈夫的財產，就像驢子認識主人的槽；[8]「主人」一詞也通常用來指在法律上的財產擁有權。這種身分地位（以及撒拉的例子）在新約中受到讚許：

> 作妻子的，妳們也應該順服自己的丈夫……莎拉（撒拉）也是這樣；她服從亞伯拉罕，稱呼他「主人」。妳們有好行為，不畏懼什麼，妳們就都是莎拉（撒拉）的女兒了。[9]

身為從屬者的女人，在各方面受到父親及丈夫的支配。例如，當一個女人許了宗教的願，她的父親（如果她未婚）或丈夫不贊同，那麼該願就無效。[10] 父親也可以處置自己的女兒。一則法律提供了怵目驚心的例子：

> 如果有人把自己的女兒販賣為奴，她不能像男奴一樣得以恢復自由。倘若買她的人本來想娶她為妻，後來卻不喜歡她，就得讓她的父親贖回她；主人不能把她賣給外族人，因為他已經對她失信了。如果有人

(1) 編按：舍客勒為聖經中的主要重量單位。

> 買女奴給自己的兒子，就得待她像待自己的女兒一樣。若有人娶了第二個妻子，他對第一個妻子必須像以前一樣供給食物、衣服，和性的需要，不可減少。如果他對第一個妻子不履行這三項義務，必須讓她自由離去，不可向她索取任何補償。[11]

這個女人被她的父親賣作奴妻。她原本是父親的財產；現在她屬於新的主人，而新主人可以把她交給自己的兒子，如果他想要這麼做的話。關於新主人可以怎麼做，會有一些限制；假若他沒有公平地對待她，她就可以自由回到父親家中，且父親無需補償買主。但基本上，這個女人全然受制於她生命中的男人，他們擁有任憑己意處置她的合法權利。

26 對女人來說，結婚和被賣作奴妻並沒有分別。把女兒交給可能娶她的丈夫，她的父親將獲得聘禮作為回報。一條特定法律闡明此事：

> 如果有人誘姦未訂婚約的處女，他必須交出聘金，娶她為妻。如果女子的父親拒絕讓他跟女兒成婚，他必須付出相當於給一個處女的聘金。[12]

女兒結婚之前，她是父親的財產——她的生殖角色在父親的掌控之下。誘姦她的男人必須娶她——或者，如果那位父親不願讓她嫁給這種混蛋，那麼這個男人仍需支付全額的處女聘金給父親，以賠償他的財產損失，皆因他的女兒如今不再是處女了。

寡婦

寡婦的地位，是女人從屬於男人的進一步證據。古代父權社會裡最脆弱的成員，就是那些沒有男性保護的人。這包括了孤兒（意指父親已經過世的孩子，即使他們的母親還活著），以及寡婦。詩人形容上帝「看顧孤兒，保護寡婦」，[13] 而聖經的律法、先知書及其他經卷一再敦促以色列人，仿效上帝關顧這些無權勢的人。

27 在聖經的敘述中，記載先知以利亞為了一名寡婦和她的獨子，增加了食物，並且當她兒子過世時，令他復生。[14] 由於福音書的作者運用猶太聖經來潤飾他們記述耶穌的生平，耶穌就像以利亞那樣曾增加食物，[15] 且令一名寡婦死去的獨子復活。[16] 在這兩個例子中，失去兒子的寡婦處境悲涼，而先知的神蹟使她不那麼脆弱。

路得為外邦女子，已故的丈夫為以色列人，她的故事顯示出一名女性為了避免這種弱勢而採取的步驟。路得在同為寡婦的婆婆拿俄米的教唆下，採取大膽的行動以確保她能再嫁，從而為她自己和拿俄米提供所需的男性保護者。

童貞

亞伯拉罕的僕人受主人差派，為他兒子以撒找個妻子，往北走了五百哩後，抵達了目的地，即亞伯拉罕兄弟拿鶴居住的城市。在這城市的水井邊——相當於古代的辦公室飲水間，是交談與嚼舌根的地方——僕人遇到了利百加，她是亞伯拉罕的姪孫女，後來成了以撒的妻子。聖經作者告訴我們，她是「一個美麗的女孩子，還是處女，沒有人親近過她。」。[17]

28

婚前的童貞是受重視的——男人有權指望自己的妻子是處女，而父親出於無法抗拒的利益，會確保女兒是處女，因為女兒還是處女的聘禮，遠高於那些已不是處女的。公元前三世紀末的作者便西拉，若算不上是厭女者的話，也是一名傳統主義者，他這麼忠告：

做父親的，難免常常暗中為女兒操心，
甚至寢食不安。
她年輕的時候，他會擔心她嫁不出去；
到她結婚後，又擔心她不受寵愛。
她還是個處女時，他擔心她容易受人誘惑，
唯恐她還未嫁出去便懷孕了。
到她有了丈夫，又擔心她紅杏出牆或不能生育。

他繼續力勸眾父親將女兒禁閉在家中，別讓街上的人看到，並且不許女兒和已婚婦女來往，大概是因為她們可能會告訴處女關於性的事。[18]

耶弗他的童貞女

聖經記載中有一位著名的處女，就是耶弗他的女兒。如同〈士師記〉裡的

29 其他以色列領袖，耶弗他是個局外人——他的母親是妓女。雖然耶弗他的父親承認他，但就像歷史上或文學作品中大部分的私生子，他在家裡的地位較低。當他同父異母的兄弟們長大了，便對他說：「你不能繼承我們父親的家業，因為你是妓女生的。」而且他們把他「趕出家門」——離婚也是用相同的措辭，使這成為正式、合法的剝奪繼承權的舉動。[19]因此，被放逐的耶弗他成了亡命之徒，集結一群和他同樣以強盜為生的人，做為首領。在聖經的歷史上，這大概在公元前二千年晚期，在有中央管治的君王領導之前。領導權屬地域性的，掌握在「士師」手中，他們大多為軍事領袖。就像當時常發生的情況，一個以色列部族受到異族的威脅：在這個例子中，住在約旦河東邊的亞捫人，正威脅著也住在那裡的以色列部族基列。基列的長老向耶弗他及其私人武力求助。耶弗他反問：「從前你們不是恨我、把我趕出我父親的家嗎？現在你們遭難，找我幹什麼？」[20]然而，耶弗他仍答應幫助他的同胞，條件是如果他獲勝，他們就得讓他當領袖。耶弗他為了繼續展現自己的機靈，他先試著與敵人協商，但當他們拒絕後，他便著手備戰。在他前往戰場的路上，他向上主許願：

30 如果你使我戰勝亞捫人，我凱旋歸來時，一定把第一個從我家門出來迎接我的人獻給你，把他當燒化祭獻上。[21]

在一如預期地徹底擊敗亞捫人後，獲勝的耶弗他返回家中。就像其他女性歡迎她們凱旋歸來的英雄，耶弗他的獨生女也以音樂和舞蹈相迎。當耶弗他看到女兒前來時，悲痛不已，因為如他所說，「我已經向耶和華開口許願，不能挽回。」

女兒接受父親的許願不可反悔，她請求死前的一項恩惠：「容我去兩個月，與同伴在山上，好哀哭我終為處女。」耶弗他同意了，兩個月後女兒回到父親身邊，他便完成自己所許的願，獻上「終身沒有親近男子」的女兒。[22]

聖經還記載了其他的活人獻祭，施行者主要是某些個人如邪惡的亞哈斯與瑪拿西王、外邦人如摩押王米沙，以及敬拜耶和華以外神明的以色列和非以色列人。通常獻祭的犧牲者是男性，就像在公元前九世紀重修耶利哥城的希伊勒的例子。

> 他在奠立根基的時候，犧牲了長子亞比蘭；當他安放城門的時候，犧牲了幼兒西割。[23]

31 雙重的立基犧牲，應驗了耶利哥城牆倒塌後約書亞下的詛咒：

願上主詛咒那想重建耶利哥城的人。奠立城基的人，將喪失長子；建造城門的人，將喪失幼兒。[24]

恐怖詛咒的應驗，顯示對以色列人或至少對這名聖經史家來說，活人獻祭是多麼令人厭惡。

根據聖經的律法，所有長子（像是每個頭生的雄性動物）都歸屬耶和華。但這些可以價值較低的犧牲品或銀兩為代贖。[25] 雖然聖經作者帶著偏見指責他們的鄰邦施行孩童獻祭，以色列人卻不允許這麼做——儘管此事就像其他禁令，百姓不總是會遵守的。

禁止活人獻祭的一個例外，是上帝吩咐亞伯拉罕獻上他疼愛的「獨子」以撒，亞伯拉罕甘願執行的這項命令。[26] 到最後一刻，上帝才制止獻祭，一隻上主預備好的山羊替代以撒，那時被捆在臨時祭壇上的他肯定給嚇壞了。自古以來，讀者一直受猶太傳統所謂「以撒受捆」的故事困擾。上帝吩咐亞伯拉罕的事，他都做了，為何還要試驗這位忠心的僕人？為何亞伯拉罕這次不提出反對，就像他先前得知上帝要毀滅罪惡之城所多瑪時的反應？[27] 這段敘事沒有回答這些和其他的問題。上帝看來是為所欲為。在基督教神話中，上帝所犧牲的長子耶穌——他像以撒一樣背負自己將被掛在其上的木頭——被理解為取悅父親的祭品。[28]

和希伊勒及亞伯拉罕的兒子不同，耶弗他的女兒是不具名的：當然，她是一個女人——其實是個女孩。最駭人的是，上帝並沒有介入，沒有倒楣的山羊卡在灌木叢中，且無人因她的死受到譴責。事實上，她本人接受自己死在父親手中，是父權社會下父權之神的自願犧牲者。而在聖經傳統裡，耶弗他與摩西、亞倫、巴拉、參孫、撒母耳及大衛並列，被記念為以色列的偉大英雄，[29]即使他犧牲自己的女兒來履行一個輕率的誓願。

獨身理想

耶弗他女兒的死很悲慘。對古代的讀者來說，悲劇的一部分在於她以處女之身死去，未曾生兒育女。由於女人的主要角色是妻子且特別是母親，所以在希伯來聖經中，我們找不到正面評價終身守貞的證據。一位佚名的古代作者說道：「處女將哀號，因為她們找不著新郎。」[30]——未婚、沒有孩子的女人，是不整全的女人。

在希伯來聖經中，童貞是只限定女性的屬性。我們很常看到經文提及不識男人的女性，但從未提及不識女人的男性。在所有關於婚姻和強暴的律法中，男人過往的性史從來都不是問題，只有女人的才是。愛色尼人是公元前二世紀末，與耶路撒冷的聖殿建制集團決裂的猶太宗派，有證據顯示他們之中存在著獨身的選擇。其中有些愛色尼人移居到位在死海西邊的猶大不毛曠野，在那裡建立了一個社群，一直延續到公元六十八年的第一次猶太叛變。如同後來的基督教修道群體，他們在那裡致力過著聖潔的生活，對某些人來說是禁慾。（他們也負責管理自己的藏書，即死海古卷，當叛亂開始時，他們便將書卷藏在洞穴中。）然而，愛色尼人在猶太教裡算是異例。

另一個異例代表是保羅，他即使後來接受了耶穌為彌賽亞，仍是嚴守教規的猶太人。在他寫給希臘的哥林多基督徒社群的第一封信裡，性道德是其中一項重要主題，保羅讚揚獨身：

> 我對沒有嫁娶的和寡婦說，他們若能維持獨身像我一樣就好。但他們若不能自制，就應該嫁娶，與其慾火攻心，倒不如結婚為妙。[31]

保羅認為婚姻是兩害取其輕的——以婚姻解決性需求比淫亂好，但遠不及獨身沒結婚。在他看來，結婚造成困擾，因而令信徒對首要的呼召分心。

沒有結婚的人是專心以主的事為念，因為他想討主的喜悅。結了婚的人所關心的是世上的事；因為他要取悅自己的妻子，難免分心。沒有丈夫和守獨身的女人所關心的是主的工作，因為她願意奉獻自己的身體和心靈。結了婚的女人所關心的是世上的事，因為她要取悅自己的丈夫。[32]

保羅抱持這種觀點的一個原因是，他與眾多的第一代基督徒同有一種信念：耶穌在不久的將來就要再臨，完成他的彌賽亞使命。因此，當直接對處子之身的人說話時，保羅告訴他們：

關於獨身的問題，我沒有從主那裡得到什麼指示。但是我蒙上帝憐憫，成為可信託的人。我就以這樣的身分向各位提供我的意見。想到目前處境的艱難，我認為人最好能夠安於現狀。……因為現有的這個世界快要過去了。[33]

35

保羅在其他的書信中，偶爾會直接引述耶穌的話，但在這個主題上，他似乎不知道一句被認定為耶穌所說的格言，耶穌讚許那些「為天國的緣故自閹」的人。[34] 保羅沒有引述這句格言，或許是因為那是出自馬太的（寫於保羅死後），[35] 而非耶穌本人。耶穌在他的個人生涯中並非禁慾的，至少在宴會上是如此：福音書記載，他被批評為貪食好酒。[36] 無論如何，「為天國的緣故自閹」若按字面實行——第三世紀的神學家俄利根（Origen）據說就這麼做——那會是一項基進的規範；當我給學生看這句格言時，著實令他們顫慄。

因此，單身的保羅認為，禁慾和獨身是最高的理想，性應該加以避免——因為他誤以為耶穌的再臨迫在眉睫。在西方基督教的歷史上（特別是羅馬天主教），他的觀點帶來深遠而廣泛的負面後果。檢視廣泛的聖人名單可看出這個現象：數百年來，被封為聖人的已婚男女的比例很低——絕大多數都是處女和獨身男性，偶爾會有寡婦與鰥夫。〈啟示錄〉強化了這種對於性的負面態度。傳統上被認定為約翰的〈啟示錄〉作者，和保羅一樣，認為耶穌很快就要再臨，而當這事發生時，被拯救的十四萬四千人將是「這些人未曾沾染婦女，他們原是童身」的男性。[37]

36

另一個受到保羅觀點影響的結果是，羅馬天主教會要求神職人員必須獨身。[38] 神職獨身在第十一、十二世紀一系列教宗頒訂的法令下生效，在一定程度上是為了確保教會的財產不會傳給司鐸的繼承人，這自始便一直為保羅的主張給合理化：唯有未婚的人才能全然獻身於上主。已婚的教會領袖，從彼得開始持續到千年之後，顯然比不上全然獻身的基督徒。

童貞馬利亞

雖然〈馬太福音〉和〈路加福音〉對於耶穌的孕成、出生及早年生活，有非常不同的描述（另外兩卷福音書則是隻字未提），但兩者都一致認為，耶穌的母親為處女。在〈路加福音〉中，馬利亞懷了耶穌之前，還有另一個故事，那是以聖經常見的情節母題為基礎：一對沒有孩子的夫妻因上帝的介入而脫離不孕。這樣的敘事顯示，最終生下的兒子將具備特殊的角色。在〈路加福音〉的開頭，撒迦利亞和伊利莎白這對夫妻，如同亞伯拉罕和撒拉一樣，都已年邁，但也和他們的情況一樣，直接來自上帝的信息承諾他們將生下一個兒子——約翰，即日後為人所知的「施洗者」。約翰和參孫（他的不知名母親原本也是不孕）[37]

一樣屬於拿細耳人，立誓不喝酒，因為他獻身於「幫助人民來迎接主」。[39]

〈路加福音〉接下來的場景是，天使加百列向馬利亞顯現，宣告她將懷有一子，她要為這孩子取名叫耶穌，「他將成為偉大的人物，他要被稱為至高上帝的兒子。主上帝要立他繼承他祖先大衛的王位。」眾所周知，馬利亞對此表示反對：「我還沒有出嫁，這樣的事怎麼能發生呢？」天使向她保證，對上帝來說這不是問題，祂沒有做不到的事：將出生的孩子將從聖靈的權能受孕，因而要稱為「上帝的兒子」。〈馬太福音〉的版本有許多細節上的差異——例如，天使是向馬利亞的未婚夫約瑟而非她本人顯現，並且是在她懷孕之後。不過結論是一樣的：馬利亞是從聖靈懷孕，將出生的兒子必須取名為耶穌。[40]

在新約中，約瑟本人是不語的。根據福音書的記載，他是馬利亞的丈夫、耶穌和其他孩子的父親，以及木匠或承包商。在〈馬太福音〉（唯一讓約瑟以一個角色出場的福音書）中，約瑟好像〈創世記〉中同名的雅各之子，藉著夢得到各種啟示。[41] 他和家人住在拿撒勒，那是一個僅有五十戶左右的小村莊，它的無足輕重為人所知。[42] 後來的基督教傳說填補了福音書作者所遺留的空白，編造了荒誕的細節：約瑟是以抽籤被選為馬利亞的丈夫，顯然是神的決定；兩人成婚時，約瑟九十二歲，馬利亞十四歲——這顯然是一樁無性婚姻；並且約瑟在二十年後離世前，已承認耶穌是他的主與拯救者。

因此，根據〈馬太福音〉和〈路加福音〉，耶穌為處女所生。但沒有其他的新約作者提到這件事。最早的基督教作者保羅這麼說耶穌：「從身世來說，他是大衛的後代。」[43] 意思是說，耶穌透過他的父親而成為大衛的後裔。甚至〈馬太福音〉和〈路加福音〉也不一致：在列出耶穌的族譜時，雖然有些細節差異，但兩者都同意透過約瑟來建立耶穌與大衛王的祖先聯繫；約瑟必須是耶穌的父親，這樣族譜的連結才能生效。因此，「處女生子」故事的最佳理解方式，是根據它賴以建立的舊約平行故事：比起停經的不孕婦女（如撒拉和伊利莎白）生子，處女生子更加引人注目。所以耶穌確實是特別的，而此點正是這則故事（或者稱為神話更適切）的重點。

後聖經的基督教傳統在試圖確切表述信仰耶穌的神性時，費盡九牛二虎之力，最後選擇依循〈馬太福音〉和〈路加福音〉的「處女生子」敘事，而忽略其他的證據。因此，在第四世紀，《尼西亞信經》確認耶穌為「童貞女馬利亞所生」。不僅如此，連分娩也未損其童貞——根據一些早期的基督教作者，耶穌的出生並未使其母親的處女膜破裂。如一些神學家所言，就像陽光穿透一塊

39

玻璃，而馬利亞終其一生都是一名神聖的處女。強調馬利亞的永久處女狀態，

進一步顯示了對於性的負面態度，這成為兩千年來基督教教導的重大特徵。但「馬利亞永保童貞」的教義與新約的記載並不一致。根據〈馬太福音〉，約瑟「在她生孩子以前沒有跟她同房」。[44] 儘管一些主要是羅馬天主教的學者主張，這不必然意味著，這對夫妻在耶穌出生後便有正常的性生活，但這種詮釋與提及耶穌手足的記載有所牴觸，福音書告訴我們耶穌至少有六名弟妹。其中一位是雅各，被稱為「主的兄弟」，他是唯一有此稱號的早期基督徒，所以這項稱號必定非常尊榮——雅各在他的兄長死後，承擔起領導耶穌所開創的運動。[45]

40

女性的公共角色

耶弗他女兒的悲傷故事，結尾是一種註腳：

> 後來，在以色列中有一個風俗：以色列的婦女每年離家四天，去追悼基列人耶弗他的女兒。[46]

這項年度儀式為限定女性參加的節期，在聖經中並沒再提起。在聖經其他地方，我們確實發現偶爾會提到女性參加公共及私人的儀式。如同耶弗他的女兒，婦女會慶祝戰爭勝利，包括〈底波拉之歌〉裡的底波拉，[47]還有大衛殺死非利士人後，那些歡迎他凱旋歸來的的婦女，她們在手鼓和三弦琴伴奏下唱歌跳舞。[48]女性還可以在其他場合領唱（如大豐收），[49]也扮演專職的哀悼者。

女性以樂手和崇拜者的角色參與宗教儀式，而且她們偶爾據說會在聖地及廟宇中幫忙——煮食、編織及其他瑣碎的工作。但她們不獲派領導角色。這與古代世界其他地方有明顯差異，在那些地方，女性通常會在女神廟中擔任祭司。在古代以色列的父權社會中，理論上只可敬拜一位神明，而這位男性神明的祭司也是男性。

然而，觀乎聖經中反覆禁止崇拜其他神明和女神，並加以譴責，這種崇拜
41 在古代以色列很常見。有時崇拜像「天后」的女神，女性和男性都會向祂焚香或澆奠祭。[50]女性很可能也參與家庭儀式，儘管我們幾乎沒有這類儀式的資訊，主要是因為聖經作者只專注在官方的公共儀式。

女性在其他的宗教活動裡也可扮演某種角色。一個例子是招魂，即求問亡者的行徑。就像崇拜耶和華以外的神明，招魂在聖經律法中被明確禁止且受到先知譴責，所以這種行徑也必然相當普遍。男女皆可擔任靈媒，而依規定靈媒

得處死刑，就像其他形式的妖術和巫術。「汝不能容許女巫存活」是《欽定版聖經》（King James Version）對這種律法的翻譯，成為了處死麻省賽倫（Salem）和其他地方女巫的聖經依據。[51]

聖經中最有名的靈媒是隱多珥的不知名女人，後聖經傳統輕蔑地加上「女巫」的稱號，儘管那並非她的特點。她出現在關於以色列首任君王掃羅當政末期的一段敘事中，那時上帝已離棄掃羅而支持年輕的大衛。當時掃羅如同他早期生涯一般，正和那時期以色列的主要敵人非利士人交戰。雖然他尋求上帝的指引，但「上主卻不回答他」，沒有任何常用辨明上帝旨意的方法，如做夢、占卜或藉由先知。掃羅焦急萬分，便在夜間喬裝探問戰場附近的隱多珥的一個女人，她是「交鬼的婦人」，即靈媒。

掃羅請求這個女人用法術招喚鬼魂，把他想見之人從陰間招上來。一開始，這個女人拒絕。她說：「你一定知道掃羅王做過的事，他強迫占卜的和巫師都離開以色列。」但身分尚未被她識破的掃羅向這個女人保證，她不會為此受罰。因此，她便同意了，並在掃羅的請求下，從死人中招來先知撒母耳（他最初在上帝的命令下膏立掃羅為王）。當這個女人看見撒母耳，這樣描述他：「有神從地裡上來……有一個老人身穿先知的長衣。」她便知道她那偽裝的委託人就是掃羅本人。這段敘述接著記載，撒母耳直接向掃羅說話，先是抱怨受到攪擾，接著宣告掃羅的王位將移轉給大衛，並預告隔日掃羅將死於和非利士人的戰役中：「明天，你和你的兒子們會跟我在一起。」[52]

此處記載的是位處組織化宗教邊緣的一個女人。引人注目的是，儘管有禁令存在，她身為靈媒的力量還是起作用：撒母耳確實從墓裡回來，傳達神的旨意。
43
因此，至少對一名聖經作者（就像他許多的古時同代人）來說，和亡者溝通是可能的。

女性履行儀式專家的職責，還有其他方式的證據，特別是扮演先知的角色。將特定的古代以色列及較廣泛的古代近東的先知職分一概而論，是很危險的，因為那是包羅萬象且分布廣泛的現象。有些先知是專職的，在先知師傅的門下受訓為徒；少部分是業餘的。有些緊密依附於王室朝廷，其他的則是較獨立自存。許多是男性，也有不少是女性。

聖經記載了四位女先知的名字，她們生活在以色列歷史的不同時期。第一位是摩西和亞倫的姊姊米利暗，她被認定為以色列人出埃及後的領袖之一。她不僅被稱為先知，也是領導人，甚至是以色列人脫離埃及的「凱旋之歌」作者。[53] 她試圖和亞倫一同挑戰摩西的權威，卻落空了，[54] 但她仍被記念為「出埃及」的主要領袖之一。

我從埃及把你們帶出來，
從奴役的地方把你們拯救出來。
我派遣了摩西、亞倫、美莉安〔米利暗〕去領導你們。[55]

第二位有名字記載的女先知是底波拉，她是出埃及後以色列人其中一位士師及軍事領袖，那時以色列人在迦南地定居；她和米利暗一樣，被認定作了一首凱旋之歌。第三位是戶勒大，她在公元前七世紀末錯誤預言約西亞王將平平安安地離世——事實上，他死於和埃及人的戰役中。[56] 最後一位是挪亞底，她在公元前五世紀中葉，和其他不知名先知一同抵制波斯任命的猶大省長尼希米，當時尼希米開始修繕巴比倫在公元前五八六年攻陷耶路撒冷時所留下的殘破城牆。[57]

還有其他不知名的女性，像是先知以賽亞的妻子，她生下兩人的兒子瑪黑珥．沙拉勒．哈施．罷斯。[58] 以男性學者為主的早一輩認為，她不可能是一名先知——她畢竟是個女人，她的頭銜只是類似「先知夫人」。然而，基於聖經及古代近東的其他地方均有證據顯示女性擔任先知，也就沒有理由否定她自身便具有先知的地位。誰曉得，她和丈夫也許是在先知學校相遇的。其他順帶提到不知名女先知的記載，顯示出這是女性可扮演重要角色的活動。[59]

被稱作「聰明」的女性，也是如此。兩位這樣的女性（都不知名）出現在和大衛王相關的記事中。第一位來自耶路撒冷南方十多哩的村莊提哥亞，她被將軍約押帶去見大衛，那是約押想讓大衛允許兒子押沙龍返回宮廷之計的一部分。（押沙龍遭放逐，因他殺害同父異母的兄弟暗嫩，暗嫩乃先前強暴了押沙龍胞妹她瑪。）這名提哥亞的婦人顯然是個有天分的說故事之人，能說服大衛去裁決一樁由約押提供劇本的虛構案件。她以寡婦的身分現身，她告訴大衛王，她有兩個兒子，其中一個殺害了另一個，而現在氏族的人要處死兇手（她僅存的兒子）作為懲治。她向王陳情，這麼一來她將失去後嗣。大衛做出有利於這個女人的判決，並承諾給她的兒子御旨赦免。這個女人接著指出了相似的情況，一如約押的意圖：押沙龍也應該獲赦免，而大衛同意了。[60]這個女人的「聰明」為何，並未陳明——或許是她說故事的技巧。

大衛在位晚期，發生了示巴領導的叛亂（便雅憫支派反抗大衛的統治），約押和軍隊追捕叛軍到北方的城市亞比拉，那是示巴藏匿的地方。在圍城之際，另一位不知名的聰明女子與約押協商成功，拯救了自己的城市。她說服同城之人將反叛者的首級從城牆上丟給約押，這座城便獲救了。[61]

這兩個女人的特點都是聰明，而在古代以色列必然還有其他像她們一樣的女性——機智和悟性使其能在自己的城鎮中表現卓越的女性。但她們最終依然受制於父權制的權威。

46 女先知傳統在後聖經時代的猶太教與早期基督教中仍持續存在。〈路加福音〉提到的年邁寡婦亞拿也是一名先知，她在耶穌出生後不久便為他祝福。然而，不像記載中的另一名男性西面，亞拿的祝福之言並沒有被記載下來，也沒有記載她如西面一樣受聖靈感動。[62] 其他的新約經卷只有簡短提到女先知，包括早期基督教領袖腓利的四個不知名處女女兒，[63] 以及在早期基督教儀式中那些說預言的女性。[64] 但她們所說預言的內容，我們卻不得而知。

由於古代以色列的父權結構，女性很少擔任高階公職。在前王國時期，即公元前二千年晚期的士師時代，唯一的例外是底波拉。她被描述為先知，且與男性同僚巴拉，在對抗迦南人的戰役中共同擔任元帥。[65] 戰役結束後，雅億以致命的帳棚木釘殺了迦南統帥西西拉，[66] 這很像後來的猶太虛構故事中的虔誠寡婦猶滴，在誘惑亞述統帥何樂佛尼之後殺了他。[67] 但雅億和猶滴都靠著女性的巧計達到目的，而沒有獲得正式的職位。

47 在王國時期，即公元前一千年到五百年，王后與王太后都擁有權威，那是源於她們為執政君主的妻子，以及丈夫過世後身為繼承者的母親。在公元前九世紀，北國以色列亞哈王之妻、惡名昭彰的腓尼基人耶洗別，在丈夫不知情下強徵了他想要的葡萄園，那園子毗鄰他們的一座王宮。這事卻以她丈夫之名進行——用蓋有王印的信件，誣告葡萄園主拿伯犯了褻瀆和叛亂罪。拿伯被誣告有罪且依法處死；後來他的葡萄園就藉徵收權遭侵吞。由於這樁違反以色列律法的惡行，亞哈和耶洗別都遭受到先知以利亞的譴責，他預言兩人將受到上帝的懲罰而慘死。[68]

48 外邦人耶洗別把她母國的神明一同帶進位在撒馬利亞的以色列宮廷——如我們所知，包括男神巴力和女神亞舍拉的數百名先知，而她也為此受到譴責。[69] 據說有其他的王后與王太后同樣叛教。在公元前九世紀初期，猶大王亞撒廢除祖母瑪迦的太后地位，因為她為亞舍拉造了「可憎之物」——可能是雕像或陽具肖像。[70] 亞哈（可能與耶洗別所生）的女兒亞她利雅據說也敬拜耶和華以外的神；她在公元前九世紀中葉嫁給猶大王約蘭。在她的丈夫及其繼承者（他們的兒子亞哈謝）過世後，亞她利雅成為猶大國的唯一統治者——古代以色列中唯一的女性國家元首。這樣持續了六年，直到她死於一場由耶和華聖殿大祭司領導的政變。大祭司可能藉此行動，消滅了耶路撒冷境內先前受亞她利雅庇護的敵對的巴力神廟。[71]

由此，除了少數例外，在古代以色列中女性並不獨立行使權力。這種情況延續到後來的猶太教，直到最近為止。祭司職分以及後來的拉比身分，只保留給男性。有些零星的證據顯示，在羅馬帝國時期的某些猶太離散群體中，女性擔任地方領袖——特別是長老和會堂領導人——但那也是例外，且終究會終止。直到二十世紀晚期，先是改革派猶太教徒（Reform Jews）、接著是重建派（Reconstructionist）及保守派（Conservative）猶太教徒才任命女性為拉比。

我們在最早期的基督教中也看到類似的景象。男性領導是常規，儘管新約簡短提到一些例外，例如在許多保羅書信結語的問候中。其中一處提到「寧法，和在她家裡的教會」。[72] 這裡記載小亞細亞西部城市歌羅西，那裡的地方基督徒聚會所（即「教會」）中，一名女性家境富裕，足以讓他們每週定期在她家中舉行聚會。她是一名寡婦嗎？或是她皈依了基督教而丈夫卻沒有？聖經沒有提供更多的細節。另一位是猶尼亞（Junia），保羅在他寫給羅馬信徒的書信結尾，提到她「在使徒中頗有名望」。[73] 這裡的「使徒」頭銜，並非指耶穌的核心圈「十二門徒」；而是更寬廣地用來表達基督的「使節」之意，像是用在保羅、巴拿巴、亞波羅，以及十二門徒之外的其他人身上。猶尼亞在後面這層意義上被稱為「使徒」，這種看法對於男性詮釋者及翻譯者而言太不可思議了，以致在二十世紀晚期之前，她通常被轉變性別：她的名字被譯成男性名字「猶尼阿斯」（Junias），這使得我們現時所知的唯一女性使徒，實際上在歷史中曾被抹除。或許與猶尼亞相似的是友阿蝶和循都基，她們在保羅的另一封書信中被提到，在傳福音的工作上曾一同奮戰。[74]

另外還有非比，她是位執事。[75] 希臘文 *diakonos* 的字面意思是「供應者」，指照料群體物質需求的人，就像傳統上被稱為「執事」的那七位男性，他們是在耶穌死後由十二門徒選出，負責監管耶路撒冷教會中食物的分配。[76] 非比也被稱為「救助者」。她顯然是另一位供給自己教會所需的富有女性，就像那些用自己的財物「供應」耶穌和十二門徒的富有婦人。[77] 然而，就像同時期的猶太教，早期基督教運動的領導者大多數都是男性。

50

女性的家居角色

〈箴言〉這部有關人類景況通俗而博學的反思合集，以一段對於模範妻子

51

的長篇詩體描繪作為結束。這首詩一開頭便將她標誌為「有力量的婦人」或「厲害的婦人」。雖然較常見的譯法是「能幹的妻子」或「才德的婦人」，但原初的希伯來詞組包含了一個確實意指「權能」或「力量」的字，而該字通常用來指勇士和英雄——譯者的父權主義思想掩蓋了模範以色列婦女的顯著強壯和力量屬性。這首詩是聖經裡的十幾首字母詩（acrostic）之一，該詩的第一節始於字母表中的第一個字母，接下來的每一行則是依次延續下一個字母。這種技巧賦予該詩形式上的統一，彌補了邏輯發展的不足。這首詩像是從第一個字母到最後一個字母，幾乎是隨機描繪一名婦人的特質，她對家人來說是精力充沛且源源不絕的供應者，她也是聰明的教師及窮人的庇護者。

賢慧的妻子哪裡去找！她的價值遠勝過珠寶！
她的丈夫信賴她，絕不至於窮困。
她一生使丈夫受益，從來不使他有損。
她辛勤地用羊毛和麻紗製成衣服。
她像商船一樣，從遠方運糧供應自己的家。
她天未亮起床，為家人準備食物，分配工作給女僕。
她用自己賺來的錢購置田地，經營葡萄園。

52

她健壯而勤勞，不怕繁重的工作。
她知道自己所做每一件貨品的價值，往往工作到深夜。
她為自己紡線，為自己織布。
她樂意賙濟窮苦人，伸手救助貧乏人。
她用不著為下雪擔憂，因為一家人都有暖和的衣服。
她織造床單，為自己製麻紗和紫色布的衣服。
她的丈夫很有名望，是地方上的領袖。
她縫製衣服和腰帶賣給商人。
她堅強，受人敬重，對前途充滿信心。
她開口表現智慧，講話顯示仁慈。
她辛勤處理家務，不吃閒飯。
她的兒女敬愛她；她的丈夫稱讚她。
她的丈夫說：「賢慧的女子不少，但你遠超過她們！」
嬌艷是靠不住的，美容是虛幻的，只有敬畏上主的女子應受讚揚。
她所做的事都有價值；她應當公開受讚揚。[78]

這確實是一位非凡的婦人，卻也是受父權結構所束縛的女性。她顯然擁有

53

某種受委派的權力去買地和經商，但那是在男性的世界中。她從黎明前工作到深夜，而她的丈夫卻坐在城門口聚集之處——就像現今男人仍聚集的中東咖啡館，並沉浸在妻子帶給他的名聲中。

這名模範妻子是詩人關注的對象，但她從未發言：詩人從遠處觀看，但從未進入她的腦海或內心。這首獨特的詩，讓人得以看出女性如何在以色列社會發揮功能，其實可能是給將要出嫁的年輕女性的手冊或指南——本質上是家政的簡短課程。

話說回來，在當時的父權結構下，妻子和母親仍擁有某種權力。誡命說：「要孝敬父母。」[79] 如果誡命只說「要孝敬父親」，我們並不會感到驚訝，但包含母親便顯示出她具有某種地位。

在聖經的敘事裡，我們也見到在父權結構中採取主動的女性，像是亞比該。大衛在逃避掃羅追殺的途中，擁有他自己的一群戰士，這群人靠當傭兵維生，以及像耶弗他那夥人一樣作盜匪和勒索保護費。根據〈撒母耳記上〉二十五章，大衛聽說他的領地內有位富有的男人拿八（這名字的意思是「傻瓜」），正在為他的三千隻綿羊剪毛。大衛派他的手下去傳口信：

> 願你和你一家平安！願你事事順利！他聽說你在這裡剪羊毛，希望你知道，你的牧人一向跟我們在一起，我們沒有欺負他們，他們在迦密的時候，沒有失掉什麼。你問他們，他們會告訴你。我們在節日到你這裡來，大衛請求你善待我們。你能分點什麼給我們，就給我們，也給你親愛的朋友大衛。[2]

先前被描述為吝嗇且粗魯的拿八，憤怒地拒絕給「那些不知從哪裡來的人」任何東西，而讓他們空手而回。大衛交待手下準備突襲。

但當拿八的妻子亞比該聽聞所發生的事，便「連忙預備好兩百塊餅，兩皮袋酒，五隻烤好的羊，十七公斤烤熟的麥子，一百串葡萄乾，和兩百塊無花果餅」[3]，並親自把這些東西帶給大衛；她遇到大衛時，他正準備發動攻擊。她的賄賂奏效，大衛讓步了。次日早晨，當拿八清醒（他先前和剪羊毛的人一起歡宴），亞比該告訴他自己所做的事，他突發嚴重中風，十天後便死了。當大

(2) 編按：《撒母耳記上》二十五章6-8節，《現代中文譯本修訂版》。

(3) 編按：《撒母耳記上》二十五章18節，《現代中文譯本修訂版》。

衛得知傻子拿八的死訊，便傳訊息給亞比該，表示想娶她為妻（事實上是第三個妻子），亞比該便立即接受提親，因她和其他以色列人一樣，都知道大衛想當王的野心。[80]

對大衛（一如其他國家的部族領導者）來說，這是一樁精心謀劃的婚姻，讓他在自己終將統治的土地上有了安全的基地及擁護者。亞比該是個完美的人：不僅美麗又聰明，而且工於心計。她成功地利用父權體系——先是救了自己及其親族，接著又提高她的地位。但這一切都發生在這種體系的脈絡下。

一直到二十世紀中葉，聖經研究都有某種自身的父權結構：幾乎全由男性同行組成。在女性主義聖經研究的初期（從一九六〇年代到一九八〇年代），與發展中的女性主義運動同步，一些女性和少部分男性開始用新眼光看待各種聖經傳統。他們在這些傳統中，發現了可調解聖經壓倒性的父權偏見的種種證據。她們特別指出，在一些時期，女性確實獲得和男性一樣的平等地位。有人主張，在士師時代（介於以色列人出埃及的公元前十三世紀，和建立王國的公元前十世紀末之間），以色列的性別角色較不固定，以致女性也可擔任政治和軍事的領導職務，就像底波拉所表現的。同樣地，還有一些學者認為，在基督教最初的數十年間，女性享有一定程度的平等，這延續了耶穌的包容榜樣。保羅寫道，在耶穌基督裡，「不分猶太人、希臘人，自主的、為奴的，或男或女。」[81]有些學者指出，耶穌的追隨者中有女性存在，並且識別一些女性擔任執事甚至使徒職分。一些學者主張，這一切都是真實的聖經傳統，並且賦予那些在自身信仰群體中爭取平等的女性權威，和帶來安慰。

但近年來，那些我們可能稱為「後女性主義者」的人，開始採取另一種觀點。雖然在聖經時代有一些取得權力位置的女性，她們相對仍是極少數。便西拉在他以色列史的英雄名錄中只列入「著名男性」，[82]就像二十世紀中葉前幾乎所有文化裡的任何這種名錄一樣。以下事實也可作為表徵：希伯來聖經的三十九卷中，只有兩卷（〈路得記〉和〈以斯帖記〉）以女性名字為標題，並且傳統上沒有一卷被認定為出自女性作者。而新約二十七卷中，則沒有一卷以女性名字為標題或出自女性作者。

即使耶穌確實容納女性在他的追隨者之中，而且與她們來往，顯然較那個時代的社會規範為自由，但十二門徒（他的核心圈）裡仍然沒有女性，也沒有任何一名女性在最後的晚餐中被提及。儘管第一世紀中葉，一些女性確實在分散的基督教群體中扮演領導角色，就像她們在一些猶太群體中的表現，但這並

57

非常態。無論如何，這種情況很快就消散了。近來，保羅所說的「在基督耶穌裡……不分男人或女人」，被詮釋成並非強力確認性別的平等，而是一種重申他強烈反對性和婚姻的口號。

保羅當然不是女性主義者：

> 就跟上帝子民的各教會一樣，婦女在聚會中要安靜。她們不可以發言；就像猶太人的法律所規定的，她們要安於本分。如果她們想知道什麼，可以在家裡問丈夫。婦女在聚會中說話是不體面的事。[83]

這樣的告誡太沙文主義了，以致有些學者認為這些並非保羅自己的話語——就我來看，那是一廂情願的想法。當然，保羅在十多年間所寫的各封信裡不會表現完全一致，但在新約的各個古抄本中都可看到這些經文。後來一位借用保羅之名的作者，也表達了相似的觀點：

> 女人要默默地學習，事事謙卑［服從］。我不准女人教導人，或管轄男人；她們要沉默。因為上帝先造亞當，然後夏娃。被誘惑的不是亞當，而是女人；她被誘惑，違背了上帝的法律。[84]

對基督徒而言，所有這些話語都是聖經正典和權威的一部分，並且直到十九世紀，所有基督徒都這樣遵循，而如今還有一些人這麼奉行。

可以把發現耶穌空墳的女人，視為新約裡的最後一個例子。根據四卷福音書的記載，在耶穌遭處決後的那個星期日早晨，一名或更多的婦人來到耶穌埋葬的墳墓，並且發現那墳空了。[85] 早期的女性主義學者將此視為典範：最先獲知耶穌從死裡復活這個好消息的是女性，而她們成了最初的傳教士，傳布這則好消息（即「福音」）。然而，後女性主義詮釋卻有不同的解釋。為何這些婦女要去墳墓？是為了完成埋葬耶穌身體的準備工作，那是女人的任務，但因安息日不能進行這類活動而中斷。此外，她們實際上並未廣傳這個消息，她們反而遵從天使的指示，向耶穌的男性門徒報告她們的發現，包括彼得和其他十位門徒（猶大在幾天前自殺了）。因此，這些婦女其實只是男性掌權者的信使，那些男性幾乎不承認她們的角色。

以下可見保羅如何描述耶穌復活後陸續顯現的一系列傳統：

> 我當日所領受又傳給你們的：第一，就是基督……照聖經所說，第三天復活了，並且顯給磯法［彼得］看，然後顯給十二使徒看；後來一

時顯給五百多弟兄看，其中一大半到如今還在，卻也有已經睡了的。以後顯給雅各看，再顯給眾使徒看。[86]

即使「弟兄」和「使徒」這些詞彙是包容性的，可同時指涉女性和男性，但保羅在這見過耶穌之人的名錄中，並未明確提到女性，甚至沒有那些發現空墳的婦女。或許值得注意的是，他甚至也沒有提到空墳，那可能是在他的時代之後才形成的神話。

在聖經眾篇章所描繪超過千年的歲月裡，關於性別的對待有過差別嗎？當然有一些——例如，伊甸園故事中的詛咒在〈雅歌〉倒轉過來，那名女子說：「我屬我的愛人；我愛人戀慕著我。」[87] 但在各種聖經原始資料中，以及橫跨數百年來，具主流的典範仍是不變的：我們從古代以色列、早期猶太教及早期基督教獲得的一致圖像，就是父權結構。第一個女人由於自己的不順服而被上帝的裁決所處罰：她的丈夫將管轄她，這也適用於她的後代，就像辛勞工作及最終死亡的處罰不限於第一個男人，也延續所有後世。[88] 對於那些聲稱聖經具有權威的女性主義者來說，這項裁決顯示了整體聖經圖像的黯淡一面。

不幸的是，充斥整本聖經的父權偏見被過去和現在的宗教領袖選擇性地使用，他們從聖經找尋認定女性從屬地位的許可，甚至授權。每天早晨，嚴守教規的猶太男子這麼祈禱：「主啊，我們的上帝、宇宙的君王，祢是配得稱頌的，祢沒有將我造為女人。」這禱詞反映出一種正確理解「男性優於女性」的聖經觀點，就像保羅對於創造故事的釋義：女人是為了男人的緣故才被創造出來的，所以丈夫是妻子的頭。[89] 如果有女性取得權力位置，那是特例而非常態。

前美國總統卡特（Jimmy Carter）在當了六十年的美南浸信會（Southern Baptist Convention）信徒之後，於二〇〇九年宣布自己退出該教會。他這麼做是因為教會堅持女性比男性次等，而且女性應該從屬於男性——畢竟，聖經是這麼說的。但對卡特而言，這顯然違反了摩西和其他先知、耶穌、保羅、穆罕默德及其他宗教創始者的教導。雖然卡特的論點誇大了，但他其實是訴諸那些明顯強化男性支配女性的特定經文背後更高的原則。他正確地辨識出，那些經文「主要該歸因於特定時空——以及男性領導者緊抓自身影響力的決心——而非永恆的真理」。[90]

第三章

像初始那樣？

結婚和離婚

馬蒂亞斯・施托梅爾（Matthias Stomer，約1600-1652），〈撒拉帶夏甲給亞伯拉罕〉（*Sarah Bringing Hagar to Abraham*）。

（Matthias Stomer, *Sarah Bringing Hagar to Abraham*. Gemaldegalerie, Berlin.）

63 有時親戚和學生會請我推薦一些聖經段落，供他們婚禮使用，但極少適合的。〈雅歌〉太情色了——更不用說這對戀人還未結婚。大部分關於夫妻的經文都瀰漫著父權思想。許多重要的聖經人物都不只有一位妻子。由於聖經的婚姻觀源自的社會，其風俗在許多方面都與我們社會的風俗迥異，所以聖經的範例未必能啟迪我們的婚姻實踐或理論。結果，來尋求建議的新人，最後通常都選了保羅「愛是恆久忍耐，又有恩慈」諸如此類[1]的「愛之特質」目錄。這若算得上是動人的話，卻是含糊不清的，根本與婚姻無關，而是關於最大的屬靈恩賜。

64 在我們的文化裡，婚姻和浪漫愛情的概念緊密相連。兩個人「墜入愛河」，且在探索彼此的契合程度後，決定結婚。這種模式並不適用於古代，尤其是聖經的世界——這不僅在於語言方面是個異邦，還包括它的各種社會制度。我們若深入探討聖經的婚姻觀與離婚觀，便會更了解聖經時代的性別及女性地位相關議題。

婚姻的主要功能是繁衍後代——特別是男性後代，在大部分的父權社會都是如此。〈詩篇〉的作者這麼說：

兒女［兒子］是上主所賞賜；

子孫是他賜給我們的福分。
人在年輕時所生的兒子，
就像戰士手中的箭。
箭袋裝滿這種箭的人多麼有福啊！
他在城門口跟仇敵爭辯不致失敗。[2]

你的妻子在家中像結實纍纍的葡萄樹；
你的兒女［兒子］圍繞你的桌子像小橄欖樹。
……
願你活著看見你的子子孫孫。[3]

墮胎

由於孩子是寶貴的經濟資產，而且嬰兒死亡率很高，差不多一半，所以古代的以色列人通常不會施行節育。[4] 尤其墮胎作為一種節育的手段，未曾出現在希伯來聖經或新約的記載裡。[5] 缺乏相關證據，並不能阻止有關墮胎的持續爭論，雙方都引用聖經來支持各自的立場。支持自主選擇（pro-choice）的倡議者通常援引以下的律法：

> 如果有人因打架而撞傷了孕婦，以致孕婦喪失胎兒，但沒有其他傷害，那人必須賠償；賠款數目應由受傷婦人的丈夫提出，而經判官批准決定。如果孕婦本人受傷害，那人就得以命償命，以眼還眼，以牙還牙，以手還手，以腳還腳，以灼傷還灼傷，以創傷還創傷，以鞭痕還鞭痕。[6]

此通則是著名的「報復法」（以眼還眼、以牙還牙）——刑罰符合罪行的原則。[7] 在這個案例中，一名懷孕的女人試圖制止她的丈夫和另一個男人鬥毆。她丈夫的對手在混戰中打傷她，致使她流產。律法規定，如果這是唯一的損傷，他必須支付罰金。但假使這名妻子有受傷，那麼刑罰就得與造成的傷害相符。支持自主選擇的論點是，「以命償命」的原則顯然不適用於胎兒，因而並不將胎兒視為人；不然，胎兒喪失「生命」，兇手便需要以死償還，而不只是付罰金。因此，當牽涉墮胎時，「不可殺人」與此並不相干。

戰爭暴行之一是將孕婦剖腹，古今皆然。雖然這種暴行在聖經裡受到譴責，[8] 但在某段經文中，將孕婦剖腹以及殺害嬰孩，都被含括為乃上帝向撒馬利亞（北國的首都）罪行施行審判的其中要素。[9] 這樣的懲罰是否真由入侵的敵人所施行，並非重點：根據先知的闡釋，外敵乃是以上帝的代理人身分來行動。先知宣告，這項懲罰是上帝所施加的。這是否讓上帝成了墮胎施行者？或許是這樣——祂無疑是面對一個棘手的案子，一名女人的丈夫懷疑她不貞，可能是因為她懷孕了。這個女人得承受一項神祕的儀式考驗，如果她有罪，上主將使她流產。[10]

反對墮胎者不因缺乏聖經記載而氣餒，在描述人於出生前便受到神佑關照的經文中，找到對他們「胎兒即為人」觀點的支持。出自約伯之口的話很有代表性。在談到他的僕人（或奴隸）時，約伯這樣說：

> 造我在腹中的，不也是造他嗎？
> 將他與我摶在腹中的豈不是一位嗎？[11]

其他的經文同樣將胎兒發育歸因於上帝的意旨。早先約伯向上帝說話，抱怨祂近來對自己所做之事毫無意義：

67

你的手創造我，造就我的四肢百體，
你還要毀滅我。
求你記念——製造我如摶泥一般，
你還要使我歸於塵土嗎？
你不是倒出我來好像奶，
使我凝結如同奶餅嗎？
你以皮和肉為衣給我穿上，
用骨與筋把我全體聯絡。
……
你為何使我出母胎呢？[12]

上面這段及相關經文——以我們的標準來看並不科學——確實以一種天真、甚至感性的方式，顯示出個人的回顧式理解：將自身的存在歸因於神佑。但這些經文很難說是關於「胎兒的狀態等同於人」的清楚陳述。此外，這種對於神佑的理解，無法解釋高胎兒死亡率：如果上帝是這麼關心每個胎兒，那麼為何會有如此多的流產？有關胎兒地位的這種現代問題，並非聖經作者所關心的，而他們就此問題所說的少得很，並不一致。

68

受人安排的婚姻

就像現今某些文化裡的情況，婚姻從前是受人安排的。常見的模式，是由即將成為夫妻的兩人所屬的男性家主來主導。以撒和利百加的例子就是這樣，兩人的婚姻是由以撒的父親亞伯拉罕的僕人，以及利百加的兄長拉班和父親彼土利所安排的。[13] 這名僕人接受指令後，便從迦南的南部出發，跋涉五百哩到兩河間的亞蘭（Aram-naharaim，位於現在的敘利亞北部），要從亞伯拉罕蒙召離開前的居住地的親族（他的「父家」）中，為以撒娶一個妻子。在冗長的交涉及展示豐盛的禮物（可能包括聘禮）後，利百加的父母、兄長及其本人皆同意這樁婚事。利百加隨後便離開自己的家，與那名僕人一起南移到亞伯拉罕的家。[14] 雅各的女兒底拿與哈抹的兒子示劍之間的提親，同樣是由兩位父親（連同示劍及雅各的兒子們）來協商的。[15]

雅各、摩西和大衛都以未來丈夫的身分，直接和準新娘的父親協商。[16] 但雅各和摩西當時都是逃亡者，遠離自己的家鄉，自然也遠離他們的父母，致使父母無法參與協商工作。大衛的處境很類似：他離開了自己的家，加入掃羅王的軍隊。大衛在王的麾下很有成就，使掃羅變得嫉妒。掃羅謀劃要讓大衛喪命，而提出把女兒米甲給他當妻子，並設定好聘禮：一百張非利士人的包皮。掃羅並不想要這些——他要大衛死。但大衛粉碎了他的計畫。大衛宛如真正的英雄，帶回了兩倍的數量，掃羅只得不情願地把米甲嫁給他，米甲成了大衛的第一個妻子。

69

有時，聘禮可用勞力來支付。雅各身無長物，因他先前逃離憤怒的兄長以掃，卻要從舅舅拉班的家中娶妻。他約定為拉班工作七年，以娶得他的小女兒拉結（雅各的嫡表妹）。婚禮時，拉班以大女兒利亞來替換拉結。由於新娘蒙著面紗，[17] 雅各不知已替換人選，直到隔日早上完婚才發現。因此，雅各為了他的首選拉結，再工作了七年。不過，聘禮通常是有價值的東西。我們知道，先知何西阿用十五舍客勒（約六盎司）的銀子、一賀梅珥（約六．五蒲式耳）[(1)] 的大麥及一大罐酒，買下妻子。[18] 這使得她的價值差不多等同於別處女人的價值：大約是三十舍客勒的銀子。[19]

結婚是男人和準新娘的父親之間、也是丈夫和妻子之間的契約——希伯來字是 berît，主要用於上帝和以色列之間的契約或盟約。[20] 結婚契約有兩個階段。首先是訂婚，在這階段，女人（通常是剛過青春期的年輕女孩）合法地由她的父親移交給準丈夫。此後，即便在正式婚禮前，這個女人就是她未婚夫的財產，而強暴她的男人便犯了通姦罪。[21] 接著，在一段或長或短的間隔後舉辦婚禮，

[70]婚事就算完成了。我們還保有古代父權制度的痕跡。在許多美國的婚禮上，新娘會由她的父親「交給新郎」，而在不久前，準丈夫會向未婚妻的父親提出「把女兒嫁給他」的請求，這種做法如今顯得有點古怪。

內婚制與外婚制

選擇新娘的一項重要因素是，她屬於相同的族群（因而是相同的宗教群體）。這種婚姻制度稱為內婚制（endogamy），它不僅確保該族群及其傳統能夠存續，也確保財產可以留在族群之內。這項原則明載於〈多比傳〉，當中的主角多比訓示他的兒子多比亞：

> 你必須娶同宗族的女子為妻，因為我們是先知的後裔；不可娶外邦人的女子，因她們不屬於你父親的支派。我兒，當記念我們的先祖挪亞、

(1) 編按：約一百五十公斤。

亞伯拉罕、以撒和雅各所行的，他們都娶了本族的女子為妻。他們的子孫因而得福，他們的後裔得以承受地土。[22]

71

為了符合這項原則，以實瑪利（亞伯拉罕與埃及人夏甲所生的兒子）娶了埃及妻子，那是他的母親在被迫離家後為他安排的婚事：他娶了來自母親族群的成員。[23] 雅各未蒙揀選的兄長以掃娶了兩名赫族的女人，但雅各卻受到父親以撒如此訓示：

你要到巴旦．亞蘭、你外祖父彼土利家，在你舅舅拉班那裡跟他的一個女兒結婚。[24]

內婚制導致了錯綜複雜的交互關係：以撒娶了舅舅的孫女，雅各娶了表妹利亞和拉結，而以掃的妻子之一是他的表妹瑪哈拉。

我們可在聖經律法中發現實行內婚制的明確理由，當時的背景是以色列人與應許之地居民的關係：

不可跟他們通婚；你們的女兒不可嫁給他們的兒子，兒子不可娶他們的女兒；因為他們要誘惑你們離棄上主，去拜別的神明。[25]

嫁娶外族（外婚制）會損害群體宗教傳統的一個實例，是惡名昭彰的耶洗別，她是泰爾王的女兒，嫁給了以色列王亞哈。她將自己的神明巴力和亞舍拉，及其數百名先知帶到以色列宮廷，並煽惑她的丈夫崇拜這些神明。[26]因此，異族通婚會遭到反對，因為那可能稀釋群體的民族及宗教身分，至今亦然。想一想《埃比的愛爾蘭玫瑰》（*Abie's Irish Rose*）、《猜猜誰來晚餐》（*Guess Who's Coming to Dinner*）、《門當父不對／非常外父揀女婿》（*Meet the Parents*），或其他或多或少美國的異族通婚經驗。

然而，毋需驚訝的是，聖經既有綜合的性質，也會提到異族婚姻時不帶批判，甚至有時還予以讚揚。著名的例子包括娶了迦南人的族長猶大；[27]在埃及的約瑟入鄉隨俗，毫無意外地娶了埃及女人；[28]還有以色列人波阿斯娶了摩押女子路得，路得後來成了大衛王的曾祖母。[29]甚至摩西也娶了外族人，[30]當摩西的兄姊亞倫和米利暗試圖奪取他的領導權時，他的婚姻成為了家族糾紛。[31]

另一個異族通婚的人是以斯帖，在以她為名的經卷中，她被認定為公元前五世紀時波斯王的眾多妻子之一。她的故事的各種不同版本，進一步提供了聖

73

經在異族婚姻上立場不一致的證據。〈以斯帖記〉的傳統希伯來文版本，是個短篇小說（novella），並且全然是一部世俗著作。書中從未提及上帝，以斯帖的猶太人身分是民族性而非宗教性的，而她被納入國王的後宮一事並不值得注意。然而，在古代近東，書籍的流動性通常高於我們對作品的傳統看法：由單一作者所寫、製作、出版且從未改變。書籍不僅通常沒有署名（所以作者往往不知名），也可能成為一種超文本（hypertext），之後的作者可依自己的選擇加以改變。這樣的流動性存在於〈耶利米書〉、〈約伯記〉、〈以斯拉記〉及〈但以理書〉；以及新約的〈馬可福音〉和〈約翰福音〉；也存在於〈以斯帖記〉。〈以斯帖記〉除了傳統的版本，還有另一個只見於希臘文的版本，該版本提供了非常不同的圖像。在這個刪節版中，上帝被提及超過五十次，而以斯帖在宮廷的處境令她反感。當她向上帝祈求幫助時，她這麼聲稱：

> 你洞悉萬事，知道我憎恨惡人的尊榮，恨惡未受割禮的外邦人所睡的床。[32]

對於〈以斯帖記〉原文的修訂者來說，以斯帖嫁給外邦波斯王如果無可避免的話，是令她厭惡的。因此，〈以斯帖記〉本身的歷史，進一步證實了聖經時代對於異族通婚的搖擺態度。

74

多偶制

聖經在一些場景中這樣敘述：從前有一個男人，他的妻子無法生育——傳統、不貼切、貶抑的譯法是「不結果」（barren）。若考量擁有後代（特別是兒子）的重要性，那麼在這樣的處境下，這個男人會怎麼做、這對夫妻會做些什麼？在某些情況下，上帝會介入，像是參孫的父親瑪挪亞和無名的母親；[33] 撒母耳的母親哈拿；[34] 施洗約翰的父母撒迦利亞和伊利莎白；[35] 以及其他人。但夫妻二人也可能主動出擊，像是亞伯蘭（後來叫做亞伯拉罕）和撒萊（後來叫做撒拉）。

> 亞伯蘭的妻子撒萊沒有替他生兒女。撒萊有一個女奴叫夏甲，是埃及人。撒萊對亞伯蘭說：「上主使我不能生育。請你跟我的女奴同房吧！也許她能替我生一個兒子。」亞伯蘭同意撒萊的話。撒萊就把夏甲交給亞伯蘭為妾。……亞伯蘭跟夏甲同房，她懷了孕。[36]

此時，這個幸福的大家庭破裂了：當夏甲輕蔑地對待撒萊，撒萊便在亞伯蘭的同意下強迫夏甲離開。[37] 但夏甲得到上帝的保護，按時生下以實瑪利。

上帝再三應許亞伯蘭，他將擁有眾多子孫，數量多過天上的星或地上的沙。但撒萊已經九十歲、停經了，而亞伯蘭則是一百歲。（這是撒萊把夏甲給丈夫的原因，這樣她就可以藉由自己的女奴成為母親。）但上帝的應許並不是要透過以實瑪利來實現。在一個炎熱的夏日，亞伯拉罕（他現在的名字）在自己帳篷的入口處閒坐——現代的貝都因人仍然這麼做——帳篷搭在大片橡樹林邊，橡樹是散布於猶太南方的一種喬木。三個男人步行靠近他，亞伯拉罕以典型的游牧式款待來歡迎他們：剛出爐的烤餅全餐、為此場合才宰殺的牛犢肉，以及羊奶和奶酪。這一餐必定是費時準備的，享用期間，其中一位訪客問亞伯拉罕：「你的妻子撒拉在哪裡？」他回答，妻子在帳篷裡——敘事者告訴我們，撒拉在帳篷裡聽著外頭的對話。一位訪客接著說：「明年這時候我要回來；你的妻子撒拉要生一個兒子。」[38] 這時亞伯拉罕必然知道了我們讀者得知的事：他的訪客之一是耶和華本身，祂突然參加餐宴，就像其他神明有時會這麼做。

上帝的應許實現了，撒拉懷孕且生了一個兒子，取名為以撒。容我離題談談以撒的名字——回到委婉表達和影射的議題上。以撒名字的原意是「笑」，

「笑」不斷出現在撒拉懷孕和以撒出生的應許敘述中。當撒拉偷聽到上帝的應許，她[76]

> 偷偷地笑，自言自語：「我老了，我的丈夫也老了；我還會有喜嗎？」於是，上主責問亞伯拉罕：「撒拉為什麼偷偷地笑，自言自語：『我這麼老了，還能生孩子嗎？』難道上主有做不成的事嗎？」……撒拉害怕，否認說：「我沒有笑！」他說：「有，你的確笑了。」[39]

後來，在以撒出生時，撒拉呼喊：「上帝使我歡笑；聽見這事的人也要跟我一起歡笑。」[40]

同樣的字，也用於另外兩則關於以撒的故事。多年之後，以撒知道自己是個外人，是異鄉中的外人，就和他父親亞伯拉罕前兩次一樣。這次，以撒和他美麗的妻子利百加，身處於迦薩（Gaza）和別是巴（Beer-sheba）之間的非利士領土。當在地人問起他的妻子，他如同亞伯拉罕那樣回答：

> 「她是我的妹妹。」因為他害怕說：「她是我的妻子」；他心裡想：「這地方的人可能會為了利百加的緣故殺害我，因為她美麗動人。」

77

後來，

> 他在那裡住了一段時間。有一天，非利士王亞比米勒從窗户往外看，見到以撒正在令他的妻子利百加發笑。所以亞比米勒召見以撒，對他說：「她是你的妻子！」[41]

這裡的「發笑」必然具有性的弦外之意，各種現代譯本以不同譯法含蓄地承認：以撒「玩弄」（sporting with）、「愛撫」（fondling）或「撫摸」（caressing）利百加；[42]只有一個譯本同時接近字面意思和暗示意義，它這樣翻譯：亞比米勒看見「以撒和他的妻子利百加正一同歡笑」。[43]無論如何，這裡的意思很清楚：以撒和利百加當時所做的不管是什麼，都和性有關，決不是兄妹平常會有的舉動。[44]

相同的含義也出現在以撒早先的一則故事裡。以撒斷奶之後，亞伯拉罕舉辦一場盛宴，慶祝這個孩子從具有極高風險的嬰兒期存活下來。在宴會中，

> 撒拉看見埃及人夏甲為亞伯拉罕所生的兒子，正在令她的兒子以撒發笑，就對亞伯拉罕說：「把這個女奴和她的兒子趕出去——因為這個

> 女奴的兒子不可與我的兒子以撒一同承受產業。」[45]

以實瑪利那時候在做什麼呢？敘事者意圖指出可怕的事：以實瑪利正在「玩弄」以撒。這件事正是撒拉要亞伯拉罕送走以實瑪利和夏甲的原因，也是不願減損以撒可繼承的遺產。此處暗示了同性戀亂倫，那是將自己不能接受的性行為強行歸屬到其他人身上的例子——在聖經中就是指非以色列人。

現在回到多偶制的議題上。在雅各的故事中，還有更多無法生育的妻子把自己的奴婢給丈夫的案例，她們這麼做是為了透過奴婢（古代的代孕母）給丈夫孩子。拉結把自己的奴婢辟拉給了雅各，那時她才像撒拉一樣能夠擁有孩子；同樣地，拉結的姊姊利亞（雅各的第一位妻子）為了類似的原因，把奴婢悉帕給了雅各。[46]

正如這些敘述所呈現的，多偶制（或者更貼切來說是一夫多妻制，即一個男人擁有超過一名妻子的做法）在古代以色列是可接受的。除了撒拉和夏甲，亞伯拉罕還有另一名妻子基土拉，她為丈夫生了六個兒子——在先祖的故事中，可看到受青睞的六的倍數。[47] 雅各有四名妻子，雅各的哥哥以掃有五名妻子；[48] 基甸有許多妻子（她們總共為他生了七十個兒子）；[49] 先知撒母耳的父親以利加拿有兩名妻子。[50] 一夫多妻制在聖經時期持續穩定地實行，且被證實在猶太人當中存續到第二世紀。[51] 在〈以斯帖記〉的原始版本中，這位英雌納入波斯王後宮一事被如實地呈現出來。

反對同性婚姻的人通常聲稱，起初婚姻已經是一男一女的事。好吧，這麼說也對也錯：根據〈創世記〉，最初伊甸園裡便只有原初的那一對，他們身邊沒有其他人可發展各種關係；[52] 但〈創世記〉從未記載一場結婚儀式。然而，在伊甸園之後沒多久，聖經的作者們就告訴我們，男人開始擁有不止一名妻子，始於該隱的後代拉麥，他有兩個妻子：亞大和洗拉。[53] 因此，在聖經權威的支持下，早期的摩門教徒主張「多重婚姻」，而一些摩門教的基要派持續實行一夫多妻制。他們過去和現在都站得住腳：如果聖經提供了許多權威模範，那麼男性就該被允許擁有不止一名妻子，就像亞伯拉罕、雅各、大衛及其他聖經主角所為，那看不出上帝有反對的跡象。

一夫多妻制有一種效果：能產生許多後裔，而這些孩子本身是很寶貴的勞動力來源。一夫多妻制也是一種地位象徵，顯示一個男人或其家庭有資產可籌措聘禮，以及贍養數名妻子。此外，在聖經律法中也假定了一夫多妻制，以下是個例子：

若有人有兩個妻子，他寵愛一個，不愛另一個。她們都給他生了孩子，但是長子是那個不受寵的妻子生的；到了分財產的時候，他不可偏愛他那寵妻所生的兒子，把長子的權利給他。即使長子是那不受寵的妻子所生的，也得承認他的長子權利，在分財產的時候多給他一份。他是長子，應享有長子的特權。[54]

以聖經整體的脈絡來看，很難不將此視為間接批判亞伯拉罕對待夏甲的方式。但這並非批判一夫多妻制本身。

這律法確實指出，同一位丈夫的不同妻子具有不同的地位。人類學家稱為「首要」妻子和「次要」妻子。聖經作者們用來指稱後者的詞彙之一，通常譯為「妾」（concubine），但在聖經裡，該詞彙不具有它在英文中常見的「情婦」（mistress）之意；它代表次要妻子，可能是自由的女人或奴婢。

來自各個時期的聖經經文中，有數十處提到這種次要妻子，顯示一夫多妻的情況很普遍。一再發生的例子是，由首要妻子和次要妻子所組成的後宮。聖經記載了從王國時期之初到結束，許多位以色列王的後宮。大衛在許多「妾」之外還有八位或以上的妻子；[55]所羅門據說有七百位妻子及三百位妾，[56]這使他成為最偉大的情人（或許可以解釋為何他被認定是〈雅歌〉的作者）。所羅門的多重婚姻遭受譴責，並非因為妻妾的數量，而是許多妻子不是以色列人，並且致使他去崇拜外邦神明。[57]

許多以色列和猶大國王的婚姻，都可說是具有政治動機。正如從古至今的統治者都是如此：一名國王和鄰邦君主或部族領導人的女兒結婚，或是兩者的孩子結婚，可強化兩位君主及其王國之間的連結。在聖經中，大衛、所羅門、亞哈及幾位希律王據載都有這樣的婚姻；現實政治壓過內婚制的原則。擁有後宮，也顯示出國王的權勢、聲望及財富。

在王室家族裡，性和政治以另一種方式相連。執政君主的王位繼任人或篡奪者，以接收前任君王的後宮來彰顯自身的權力，以及前任君王相應地失去權力。掃羅死後，他的將軍押尼珥與其中一名嬪妃同寢，或許這是為自己取得權力的舉動。[58] 掃羅的其他嬪妃則成了繼任人大衛的後宮。[59] 後來，在大衛之子押沙龍的短暫叛亂期間，押沙龍公然佔據——「進入」——他父親的後宮，顯示他已取代大衛成為統治者。[60]

性與權力相連的另一個例子，發生在大衛生涯的晚年。這位年邁的君王顯然血液循環不良，因為「雖然他的侍從用一些毯子蓋在他身上，他還是覺得不夠暖和」。因此，他的官員舉辦了有歷史記載以來的首度選美比賽。他們尋遍以色列境內，找到了一名處女（即書念的亞比煞）可與大衛同寢。亞比煞這麼做了——她成了王的隨侍，但「王卻沒有跟她發生關係」。[61] 因此，大衛不僅垂垂老矣且虛弱無力，不止在性事上如此，在政務上亦然，有關繼位的宮廷密謀便隨即展開。最終由大衛與拔示巴所生的兒子所羅門繼承王位，縱使宮中的重要派系都支持他的兄長亞多尼雅（母親為哈及）。大衛死後，亞多尼雅請求拔示巴要求所羅門把大衛最後的侍寢者亞比煞賜給他。所羅門認為這個請求是對他統治的挑戰，儘管拔示巴並不這麼想，所羅門立即下令將他同父異母的兄長亞多尼雅處死。[62]

我們也在其他情況下看到，把接收後宮當作權力的展示。當亞述王西拿基立在公元前八世紀末入侵猶大，且迫使其統治者希西家屈服時，希西家付出的大量貢品中，一部分就是他自己的女兒和宮廷女性。[63] 戰敗的國王把後宮交給他的征服者，顯示了勝利者的權力。

後宮女性所受到的待遇，是古代近東女性如何受到非人化對待的鮮明例子。同樣的讓渡妻子，也被歸因於上帝；先知耶利米以上主之名發言，他宣告以下是對以色列人違逆上帝命令的懲罰：

> 我要把他們的妻子給別人，
> 把田地也交給新主人。[64]

即使對神明來說，在有正當理由的情況下，女人便是可讓渡的財產。

83

新約對於這種景況的補充很有限。我們看到一場實際的婚禮（即迦拿的婚禮），[65]和許多提到婚姻的比喻及隱喻，但無從得知這些婚姻是如何締結的。聖經以外的證據指出，受人安排的婚姻仍然是規範。妻子的地位還是一樣——她「會因生兒育女而得救」，[66]且在神設立的性別不均衡之下，為丈夫所支配：

> 作妻子的，妳們要順服自己的丈夫……因為丈夫是妻子的頭，正如基督是教會的頭……正如教會順服基督，妻子也應該凡事順服丈夫。作丈夫的，你們要愛自己的妻子，好像基督愛教會。[67]

然而，於聖經中並非完全沒有西方的浪漫愛情觀念。希伯來文的「愛」就像英文一樣，包含的意義範圍很廣——從性的慾望到最深邃無私的情感，從情色到高尚。「愛」可以指迷戀，甚至是性的癡迷，就像我們讀到暗嫩在強暴她瑪前愛上了她。[68]雅各遠在結婚之前，便深愛著「長得美麗動人」的拉結。[69]

在唯一明確提到女人愛男人的敘事中，米甲顯然是從遠處愛著大衛。[70] 在這些例子中，「愛」必然意味著外表的吸引力。而所羅門愛上許多外邦女子——也就是她們成了他廣大後宮的一部分，可令他滿足愉悅。[71]

我並不是說，受人安排的婚姻在本質上不如現代西方的戀愛模式。在古代和現今的社會中，都一直存在受人安排的婚姻的規範。一直以來，那些關係都包含著深厚的愛，就像西方社會總堅持浪漫理想的、包含著深刻的愛。根據聖經作者的記載，戀愛婚姻為夫妻所享受，像是以撒和利百加；[72] 撒母耳的父母以利加拿與哈拿；[73] 還有先知以西結及其妻子——「他眼目所喜愛的」。[74]

離婚

當撒拉（亞伯拉罕的首要妻子）看到夏甲（亞伯拉罕的次要妻子）的兒子以實瑪利「令她的兒子發笑」，她便告訴亞伯拉罕「把這女奴跟她的兒子趕出去」。當上帝告訴亞伯拉罕按照撒拉所說的去做，他難過地應允而「打發她走」。[75] 這裡使用的兩個詞彙——「趕出去」和「打發走」——是其他經文提到離婚時會用上的，所以意味著亞伯拉罕和夏甲離婚，且得到上帝的批准。這兩個動詞強力表達了關係斷裂的律法和心理上的暴力。

從聖經和非聖經偶爾提及離婚的資料來判斷，聖經時代有實行離婚，儘管人們並不贊成。然而，在不同時期分布廣泛的經文中，證據並不完整且不一致。[85]這種不夠全面的處理，可能是因為離婚很少見，就像其他安排婚姻的社會一樣。

離婚的程序詳述於一條律法中：

> 若有人娶了妻子後發現她有可恥行為［下體的事（nakedness of a thing）］而不喜歡她，寫了休書給她，叫她離開；假使這女子離開後再跟別人結婚，而第二個丈夫也不喜歡她，寫休書給她，叫她離開；或者，這個丈夫死了；無論在哪一種情形下，她的前夫不得再跟她結婚。因為對她的前夫來說，她已經被玷污了。要是前夫再跟她結婚，便冒犯了上主。你們切不可在上主——你們的上帝要賜給你們的土地上犯了他所厭惡的罪。[76]

這條律法本身在原本的希伯來文中是一句很長的句子，主要不是關於離婚，而是關於男人不可再娶自己先前離異的妻子（這個妻子已再婚，後來與第二任丈夫離異或成了寡婦）。這項禁令沒有說明理由；可能與父親身分及繼承的議題有關，也或許和這種觀念有關：跟一名與其他男人有關係的女人重建性關係，可能違反某種禁忌。[77] 但這條律法確實描述了離婚在古代以色列如何發生：男人給他的妻子一份具有法律效力的休書——字面意思是「切斷的文件」（a document of cutting off）[78] ——並打發她走。

這條律法也給了離婚一個理由：這名妻子不得丈夫喜悅，是因為「下體的事」（nakedness of a thing）[(2)] ——該措辭在聖經中只出現過另一次，那裡是指大便時裸露下體。[79] 在本例中，雖然「下體」是指生殖器，但也可能意味著接近通姦的事情——或許就像以撒令利百加「發笑」——因為通姦是死罪。[80] 另一方面，妻子不忠的丈夫可選擇另一種處理方式，如同約瑟發現馬利亞懷孕時的打算：「因他是個義人，不願意明明地羞辱她，想要暗暗地把她休了。」[81]

除了「下體之事」，男人為何要與自己的妻子離婚？一條律法指出，單純的不滿即是一種合法理由。[82] 另一個原因是，同一位丈夫的不同妻子之間的衝

(2) 譯註：《新標點和合本》譯為「不合理的事」，《現代中文譯本修訂版》則譯為「可恥行為」。

突，如撒拉和夏甲。根據關於其他情況下離婚女性的記載，可能還有其他的原因，例如，祭司的女兒——若是離婚且返回父親家中——獲准分享獻祭者供奉給祭司的部分祭物。[83]

在希伯來聖經中，兩種特定情況下不許離婚。第一種情況是，想和妻子離婚的男人宣稱，二人結婚時，妻子不是處女。這名妻子的父母可藉著帶來——不太可能發生——新婚之夜的沾血床單，駁斥丈夫的指控，那床單顯然是交由父親保管，以防這樣的情況發生。如果這項指控證實是真的，或者至少無法提出反對的證據，那麼這個女人就得在父親的家門口用石頭打死，「因為她在以色列中做了可恥的事，在父家還沒有出嫁就跟別人有了關係。」[84] 但如果提出了證據，那麼這名丈夫就要罰款一百舍客勒銀子，「因為他侮辱了以色列的處女。」[85] 罰金是給女孩的父親——最終受玷污的是他的榮譽，因他受人誣告沒有善盡父親之責，即確保女兒完整無缺。[86] 此外，這名丈夫此生都不許和那個女人離異。這樣可能會平復女人父親的榮譽（如同罰金的作用），甚至提供那名女子一些保障——但要求女人繼續和「恨惡」她的男人一起生活，似乎很不公平。[87] 基於同樣的理由，相同的離婚禁令也適用於強暴處女的男人，根據〈出埃及記〉一條早期律法的〈申命記〉演變版本：他必須娶她為妻，且終生不能離棄她。[88]

祭司不可娶離婚的女人，以及淫亂的女人和「遭刺穿」（可能是被強暴）的女人，而大祭司特別被禁止娶寡婦。基於大祭司在儀式潔淨上的最高層級要求，他只能娶「以色列的處女」。[89] 在祭司職分的聖潔要求下，離婚的女人就像寡婦和強暴受害者，都是二手貨。

因此，在希伯來聖經提到離婚的少數情況下，離婚是被允許的，儘管有時伴隨著污名。以下的例子是〈瑪拉基書〉中一段極其難解的段落：

> 你們以眼淚淹沒了上主的祭壇；
> 你們悲哀、哭泣的眼淚，
> 因為上主不再看重你們的祭物，也不接納。
> 你們想問：「為什麼？」
> 那是因為上主是你和年輕時所娶妻子的見證。
> 但是你背棄了她，縱然她是你的伴侶。
> 是你在上帝面前立誓的妻子。
> ……

[89]

所以，你們要謹慎，不可對年輕時所娶的妻子不忠。
上主——以色列的上帝說：
若有人恨惡［他的妻子］，叫她離去［休她］，
他就是以暴力鋪在衣服上，
萬軍的上主如此說。[90]

最後一節的開頭通常譯為「上主說：『我恨惡休妻』」，但這種絕對的陳述曲解了公認的晦澀希伯來文。此外，這段經文不僅和早期的聖經律法（一般認為是由上帝所賦予的）不一致，也和耶和華自身與以色列離異有矛盾——根據先知耶利米所言（他以上主之名說話，且運用「上帝是以色列的丈夫」這個隱喻），上帝說：「背道叛逆的以色列多番行淫，我叫她離去，給她休書。」[91] 當然，基於聖經的本質為各個時代不同作者的作品選集，這樣的不一致情形並不讓人驚訝。

〈瑪拉基書〉的年代是西元前五世紀，當時猶大國的主要問題之一是外婚制，即與群體以外的異族通婚。上面那段經文可能指的是，猶太男人和自己的猶太妻子離婚，是為了娶非猶太女人（無疑是年輕貌美的女性，或許是用作炫耀的妻子）。這種異族通婚明確受到領袖以斯拉和尼希米的反對，〈瑪拉基書〉

可能和他們屬於同一個時代。在〈以斯拉記〉中，一位耶路撒冷群體的發言人承認他們的集體罪疚。

> 我們娶了〔本地的〕外族女子，對上帝不忠；雖然這樣，以色列還有一線希望。現在，我們必須向上帝立嚴肅的誓約：我們要把這些女子和她們的孩子送走。[92]

90 他們當時根據一項古老的傳統，[93] 強迫外邦女子帶著自己的孩子離開，就像亞伯拉罕對其妻夏甲和他們的兒子以實瑪利所做的那樣。族內通婚的重要性，顯然（甚至極其）高於父母的監護權或家庭的穩固。〈瑪拉基書〉可能是這項論述的一部分，批評為了娶外邦女子而與猶太妻子離婚的行徑。如果這個猜測屬實，那麼從經文脈絡來看，〈瑪拉基書〉的這段記載是關於異族通婚，更甚於關乎離婚本身。而且即使常見的翻譯是正確的，這段經文也不必優於其他經文的地位。

希伯來聖經中的不完整和不一致的離婚圖像，意味著當希伯來聖經的經文被視為權威，如何詮釋這些經文便爭論不休。我們在新約裡也發現這種爭論的證據，但各位新約作者的觀點並沒有比猶太聖經的各位作者的觀點更為一致。

新約的前三卷福音書稱為對觀福音（Synoptic Gospels），因為放在一起閱讀，看來非常相似。這是由於它們在文學上是相關連的。在古代，自由借用其他作者的作品司空見慣。現代的版權觀念並不存在，而這種借用（時常見於聖經）不被視為剽竊。根據多數學者的看法，〈馬可福音〉是最早的福音書（儘管是寫於耶穌死後幾十年），而且它被〈馬太福音〉和〈路加福音〉當作資料來源。兩者經常抄襲〈馬可福音〉的內容——有時修正〈馬可福音〉的錯誤，有時重新鋪陳，有時擴充或刪減，但通常都緊密依循。〈馬太福音〉和〈路加福音〉也必定共享另一個資料來源，因為這兩卷福音書中有大量相同、卻不見於〈馬可福音〉的耶穌格言。[94] 兩卷福音書的作者自由運用這些資料來源，反映了他們自身的文化背景。這樣的後果就是，我們無法確切知道耶穌對於任何事物所說的是什麼，更不用說他可能會怎麼想：耶穌的一言一語都是由各福音書作者的透鏡折射出來的。

以下據稱是耶穌關於離婚的一些格言：

- 任何男人休棄妻子，再去跟別的女人結婚，就是犯姦淫，辜負了妻子；妻子若離棄丈夫，再去跟別人結婚，也是犯姦淫。[95]
- 除非妻子不貞，任何人休棄妻子，再去跟別的女人結婚，就是犯了

> 姦淫。[96]
>
> ・任何人休棄自己的妻子去跟別的女人結合就是犯姦淫；娶了被休棄的女人也是犯姦淫。[97]

在這些不同的表述底下，似乎是耶穌自己的觀點：他反對離婚後的再婚，因而至少是含蓄地反對離婚，儘管從這些相關格言無法得知反對的理由。92 各種表述之間的差異很有啟發。在〈馬可福音〉記載的一個版本中，顯然妻子可以提出和丈夫離婚。〈馬太福音〉記載的第二個版本（以及〈路加福音〉的第三個版本），則不承認妻子可以提出離婚，這種看法比較接近耶穌可能說的話，因為在他的社會環境裡基於聖經律法，只有丈夫可以提出離婚。但許多學者認為，〈馬可福音〉的寫作對象是耶穌的外邦信徒，在他們的社會環境裡基於羅馬律法，妻子有權訴請離婚，所以〈馬可福音〉擴充了耶穌的格言以適用其處境。

〈馬太福音〉記載的第二個版本，允許離婚禁令有一個例外，那是另外兩個版本沒有的。有些學者認為，馬太及其讀者是猶太基督徒——耶穌的猶太信徒，他們仍信守猶太教的信仰和規條，卻接受耶穌為彌賽亞。不足為奇的是，根據〈馬太福音〉，耶穌允許的例外出自聖經律法：「除非不貞」是一種自由翻譯，其實是對〈申命記〉律法所說「可恥行為」（下體的事）的一種詮釋。如果耶穌本身遵循聖經律法，那麼他就會基於〈申命記〉裡的那個理由允許離婚，就像〈馬太福音〉所記載的。

在〈馬可福音〉中，前面引用的第一段耶穌格言，是耶穌與法利賽人公開交談後，私底下只對他的門徒說的話，這在〈馬可福音〉中很常見。這樣的交談，在福音書裡頻繁發生；那是一種文學技巧，目的是顯示耶穌比那些妥拉規條的維護者更有智慧。在這樣的交鋒下，

> 有些法利賽人來見耶穌，想陷害他，問他：「請告訴我們，我們的法律准許丈夫休棄妻子嗎？」耶穌反問：「摩西的命令是怎樣說的？」他們回答：「摩西准許丈夫寫一張休書給妻子，就可以休棄她。」耶穌對他們說：「摩西給你們寫下這一條誡命是因為你們的心腸太硬。可是太初，在創世的時候，上帝造人，有男的有女的；因此人要離開父母，跟妻子結合，兩個人成為一體。既然這樣，夫妻不再是兩個人，而是一體。所以，上帝所配合的，人不可拆開。」[98]

我們聽到一場猶太人對於離婚的內部爭論。雙方都引用經文當作自己的權威——相信為摩西本人所寫的妥拉。法利賽人是對的：〈申命記〉確實允許離婚。但耶穌以令人吃驚的主張來駁斥他們的論點：律法並不具有權威。相反地，律法是對以色列人的心腸剛硬的一種讓步，那種心腸剛硬就像是在出埃及之前，壓迫以色列人的法老的表現。[99] 耶穌引用〈創世記〉一章27節和二章24節，來支持自己的論點。

94

如果我是一名法利賽人，我會說拉比耶穌的論點問題在於，他所引用的第一段經文，是關於性別差異而非結婚或離婚：上帝創造人類（想當然也包括其他所有動物，儘管這段經文沒有這麼說）有男性和女性。耶穌引自伊甸園敘事的第二段經文，則是關於異性戀驅力的起源：曾經雌雄同體、後來被上主分為男人和女人的受造者，有強大的動力要去恢復其原初的合一——「一體」（one flesh）。最後，兩段經文中，沒有一段明確提到結婚，更不用說離婚。亞當和夏娃有結婚嗎？〈創世記〉同樣沒有說。而且如果兩人離婚了，還有什麼其他人可以嫁娶？

對馬可來說，耶穌勝過法利賽人。他說，離婚並不屬於上帝的本意，而且經文證實了這一點。因此，耶穌反對離婚，至少原則上是如此。然而，耶穌的論證有瑕疵：他就像歷代的信徒一樣，將自己的論點立基於經文上，但據說是他引用的那個段落，事實上並不恰當。耶穌也是選擇性地訴諸經文權威，他輕慢地忽視〈申命記〉中摩西所頒布的一條律法，因為該律法與他自己的觀點不一致。

我們最先看到的格言，在〈馬太福音〉中有另一個版本：

> 又有這樣的教訓說：「凡要休棄妻子的，必須寫休書給她。」但是我告訴你們，除非妻子不貞，丈夫不能休棄她。因為，要是妻子再嫁，他等於使妻子犯了姦淫；而娶她的男人也算犯了姦淫。[100]

[95]這段見於「登山寶訓」的格言——如同〈馬太福音〉中同樣那則格言的較簡短版本——允許可因「不貞」（「可恥行為」「下體的事」的直譯）而離婚。而且，就像與法利賽人的爭辯那樣，這段話顯示耶穌再次拒斥經文權威。

新約最早的作品之一也提到耶穌反對離婚，那是保羅寫給哥林多人的第一封信：

> 對於已經結婚的人，我也有所吩咐；其實不是我的意思，而是主的命

96

> 令：妻子不可離開丈夫，要是離開了，就不可再嫁；不然，她必須再跟丈夫和好。丈夫也不可離棄妻子。[101]

保羅知道耶穌的教導，並把它當作權威來引用——「不是我的意思，而是主的命令。」根據保羅的看法（比福音書的記載更清楚），耶穌不僅反對離婚後的再婚，也反對離婚本身——這是合理且不特別令人驚訝的觀點，既因為在早期聖經傳統中離婚伴隨著污名，也因為離婚本身具有破壞性。然而，儘管保羅知道耶穌的觀點，他還是允許離婚：「……要是離開了……。」雖然保羅自己有很深的猶太教背景，但當他寫信給住在希臘的哥林多、受羅馬司法管轄的外邦基督徒時，他就像馬可一樣，承認離婚可由任何一方提出。

此外，儘管保羅原則上反對離婚，但他允許可為一種理由離婚，這個理由不同於〈申命記〉所頒布及〈馬太福音〉中耶穌所提出的理由：

> 對其他的人我自己也有話要說，不是主說的：如果一個信徒已經娶了非信徒作妻子，而妻子願意繼續跟他一起生活，他就不可以離棄妻子。如果有一個女信徒已經跟非信徒結了婚，而丈夫願意繼續跟她一起生活，她也不可以離棄丈夫。因為那沒有信主的丈夫是因信了主的妻子

> 而蒙上帝悅納的；同樣，那沒有信主的妻子也是因信主的丈夫而為上帝所悅納的。要不是這樣，他們的兒女就算不蒙悅納了；事實上，他們是上帝所悅納的。然而，如果沒有信主的一方要離開信主的伴侶，就由他去吧。在這種情形下，那信主的，無論是丈夫或是妻子，都可以自由了。上帝呼召了你們，要你們和睦相處。[102]

保羅在此談到基督教最初幾十年很常發生的一種情境：婚姻中的一方成為基督徒，另一方因配偶參與這種邊緣教派而感到困擾、甚至嫌惡，而想要離婚。如果是那樣的話，保羅說可以離婚。因此，儘管耶穌基本上譴責離婚，但對保羅來說，在某些情況下，離婚勝於另一種狀況——缺乏家庭寧靜。因此，就像
97
耶穌顯然隨意拋棄摩西的權威，認為自己明白耶穌所言的保羅，憑著自己的權威——「我自己也有話要說，不是主說的」——也根據變化了的處境自行修改耶穌的教導。

總之，一般而言，聖經的作者們不認為離婚是件好事。但對不少作者來說，離婚是可容許的，或許是因為他們認為離婚好過不幸福的婚姻。我認為以下這點意味深遠：沒有一位新約作者引用〈瑪拉基書〉的隱晦聲明——或許這段經文令他們感到晦澀，就像對我一樣。

若考慮到聖經並沒有系統地處理離婚，那麼接受聖經權威的信仰群體在此議題上有很大的分歧，也就不讓人感到驚訝。在猶太教中，離婚是被允許的，儘管傳統上依循〈申命記〉，只有丈夫可以提出離婚。新教和東正教，根據〈馬太福音〉和保羅書信所允許的例外來推斷，通常是允許離婚，儘管各教會之間有所差異。

98

羅馬天主教在大部分的情況下禁止離婚。《天主教教理》（*Catechism of the Catholic Church*）[103] 引用〈馬可福音〉中耶穌所說的話（沒有提供任何例外），作為聖經的權威——公然地選擇性使用經文，忽略了〈馬太福音〉的不同觀點。然而，日益廣泛地實施婚姻無效宣告，削弱了這項禁令：在美國，每年約有五萬名天主教徒，獲當地的主教宣告他們的婚姻無效。儘管離婚和教會當局所宣告的婚姻無效之間有著是非對錯的（casuistic）區別，但這種婚姻無效宣告在功能上等同於離婚，允許配偶在教會的批准下再婚。

然而，對羅馬天主教徒來說，有兩種情況是允許離婚的。一種稱為伯多祿特權（Petrine privilege），因為那只可由教宗授予：如果一名天主教徒想與受洗之人結婚，可允許他／她和未受洗的配偶離婚——比起按理不容解除的婚姻，內婚制原則更加重要。另一種稱為保祿特權（Pauline privilege），立基於〈哥林多前書〉中保羅的話語：如果婚姻中的一方皈依天主教，而非天主教徒配偶感到冒犯，那麼就可以離婚。「在創世之初並不是這樣的」[104]——耶穌堅持離婚違背了造物主的心意——就到此為止吧。

總之，關於結婚和離婚，經文都是不適合的指南：不僅充滿父權思想，而且不一致。然而，經文也把超越它的權力，賦予了那些將它視為權威的個人及群體。耶穌拒斥摩西的教導和妥拉，保羅則超越耶穌的教導，而歷代的信徒、特別是身處現代的信徒，同樣也選擇性地採用、修改、甚至捨棄了聖經對於結婚和離婚的說法。

第四章

你不可

聖經中禁止的性關係

〈拔示巴出浴〉（*Bathsheba Bathing*），出自《奎蒂維瑪格麗特的日課》（*Hours of Marguerite de Coetivy*，約 1490-1500），圖畫邊緣的場景是這則記載的後續情節。

（Hours of Marguerite de Coetivy. *Bathsheba Bathing*. Réunion des Musées Nationaux/Art Resource, NY.）

101 「跟你的愛妻共享人生的樂趣。」〈傳道書〉的作者這樣建議。[1] 聖經各處零星歌頌著人類的愛及婚姻中的性，尤其是為了其生殖結果。但聖經更加著名（甚至惡名昭彰）的是，它禁止或譴責聖經作者們所認定的，與錯誤的人或在錯誤的時間發生性關係。

通姦

102 十誡是聖經中最重要的法律規範，對猶太人以至特別是基督徒來說，一直都是如此。然而，儘管十誡通常被理解成一套普世律法，但根據〈出埃及記〉所記載十誡原本的脈絡，它的受眾是有限的：上帝剛從埃及奴役中解放出來，如今立足於西奈的以色列人。[2] 甚至並不是所有的以色列人。各種現代譯本模糊了十誡的發布對象的身分識別。在希伯來文中，所有十條誡命都採用第二人稱陽性單數——也就是說，十誡只針對以色列男性宣告。

十誡中只有一條特別涉及性：第七誡「不可姦淫」。[3] 它禁止以色列男人和其他以色列人的妻子發生性關係。由於婚姻是一種契約交易，女人在交易中被當作財產，從她的父親移轉給她的丈夫，以換取聘金，所以通姦實際上是強徵他人的財產。此外，通姦引發父親身分的問題，會讓父權社會結構裡的繼承變得複雜——在父權社會結構中，一個男人過世後，他的財產將傳給他的兒子。[4]

妻子如同財產的地位，在最後一條誡命中清楚可見。

> 不可貪圖別人的房屋；也不可貪愛別人的妻子、奴婢、牛驢，或其他東西。[5]

103

整體來說，這條誡命禁止侵犯鄰居的財產——以財產的價值高低來排列：妻子的價值低於房產，但高於奴僕和牲口。

雖然這個傳統上譯為「貪圖」的希伯來文，通常只被詮釋為「欲求」，但它是帶有歧義的。儘管它可以指涉「欲求」或「渴望」，但它也和「圖謀控制」有細微差別。先知彌迦這樣描述作惡之人：

> 禍哉，那些在床上圖謀罪孽、造作奸惡的！天一發亮，因手有能力就行出來了。

> 他們貪圖田地就佔據，
> 貪圖房屋便奪取。[6]

意念是行動之父，兩者都是錯的。因此，貪圖不只是心理上的，也是可實踐的：它是非法奪取財產的第一步，而那正是第十誡的意思——你不可圖謀強徵你鄰居的財產，包括藉著和他的妻子通姦來得到她。[7] 這條誡命的禁令範圍因而是有限的。由於它是向男人發布的，所以它沒有明確禁止女人和已婚男人發生性關係，或者就這點來說，它也沒有禁止已婚男人和未婚女人（包括娼妓）發生性關係。然而，傳道人和衛道之士一直傾向將這條誡命詮釋為：全面禁止他們所認定「不道德的性」。《天主教教理》提供了這種傾向的例子，包括討論這條誡命時所提到的賣淫、色情產品、強姦、人工節育、亂倫、手淫、婚前性行為、離婚、多偶及同性戀。[8] 但耶穌顯然抱持一種沒那麼廣泛的詮釋。登山寶訓記載了部分妥拉與耶穌宣講的一系列對比，他在〈馬太福音〉這麼說：

> 你們聽過古時候有這樣的教訓說：「不可姦淫。」但是我告訴你們，看見婦女而生邪念的，在心裡已經跟她犯姦淫了。[9]

如同十誡中的各條誡命，耶穌的這段說話是針對男性說的。[10] 並且在拉比耶穌的詮釋下，這條誡命和通姦本身有關，而與渴望或欲求無關，儘管他也不贊成那樣。

通姦的刑罰是處死。

> 若有人跟以色列同胞的妻子私通，姦夫和淫婦都要處死。[11]
>
> 如果有人跟別人的妻子通姦，被人抓到，兩人都該處死。[12]

105

大衛和拔示巴

在聖經的敘事中，也可看到將通姦理解成侵佔另一個男人的財產。聖經裡最著名的通姦者——其實是唯一具名的男性通姦者——是以色列的第二任君王大衛。根據〈撒母耳記下〉對於大衛王朝後半段的生動描述，我們了解到這位複雜人物的陰暗面；在這之前都描繪他的英雄氣質。這一幕是由揭露他一連串驚人事蹟展開的：

第二年春天，正是諸王通常出去打仗的時候，大衛派約押率領部隊跟以色列軍隊出征。他們打敗亞捫人，攻取拉巴城。但是大衛自己留在耶路撒冷。[13]

大衛一直是一名強大的勇士，就如聖經裡各種關於他的傳說和早期歷史記載所示。在軍隊和馬車移動困難的冬雨季節過後，此刻是一場進攻，大衛的部隊正在攻擊位於外約旦地區的亞捫首都拉巴城（即今天的安曼）。但大衛沒有和他們同行。敘事者巧妙地暗示，如果大衛一直在戰場上領導他的部隊，就像君王該有的表現，那麼接下來的事便不會發生。

古代近東的城市都很擁擠，因為所有人都必須在城牆內，以防遭受攻擊。耶路撒冷也不例外，除了它幾乎算不上是座城市——根據我們的標準，它只是一個村莊。在大衛的時代，耶路撒冷的人口只有幾千人，他們生活在大約十幾英畝的空間裡，差不多等於曼哈頓中城（Midtown Manhattan）的兩個街區。大衛在統治初期，奪取了這座堅固的城鎮，立為自己的首都，並在城內為自己建造王宮。王家住所可能高於附近的房舍，使國王高於這個密集城鎮的炊煙、氣味及喧囂之上。王宮有屋頂平台，如同它周邊的房舍，也像過去和現在中東地區許多房子一樣。

一日傍晚，大衛午休後在屋頂散步，他瞥見一個美麗的女人在洗澡（可直譯為「洗滌她自己」），就在鄰近的房舍，可能在屋頂上或封閉的庭院裡。這只是巧合嗎？大衛喜歡從自己的高聳屋頂俯瞰他所統治的城市嗎？他是個偷窺狂？他知道隔壁的女人喜歡在日間這個時候洗澡嗎？還是拔示巴知道國王的習慣，而精心計算要自我暴露？吝嗇的敘事者留下這些沒有答案的問題。

大衛打聽他所看到的那個女人，得知她是拔示巴，是他其中一名精銳勇士赫人烏利亞的妻子。即使如此，他差人把她帶來且與她同寢。敘事者在一旁告訴我們，拔示巴先前的洗滌是月經過後的潔淨洗浴；因此她那時並未懷孕。但她處於生理週期的受孕期，而大衛與她性交導致懷孕。她告訴大衛她的狀況，那是她在這段插曲中唯一說的話：「我懷了孕。」[14] 大衛立刻採取行動，把烏利亞從戰場上召回，要他「洗滌自己的腳」——烏利亞明白，那是要他與妻子同寢——這樣他就會被認為是孩子的父親。但即使大衛讓烏利亞喝醉了，他還是拒絕：身為聖戰的參與者，他應當克制性事。[15] 因此，大衛把烏利亞送回戰場，並附上一封給他的將軍約押的密函，其實那是烏利亞的死刑令：「把烏利亞調到戰事最猛烈的前線，然後你們撤退，讓他戰死。」[16] 這項命令執行成功，大衛不只是通姦者，也透過代理人成為凶手；大衛貪戀自己鄰居的妻子，圖謀將她據為己有。

耶和華的回應是，差遣先知拿單去見大衛，拿單對國王陳述以下的案件，讓他做出判決。

> 某城有兩個人，一個富有，一個貧窮。那個有錢人有很多牛羊；那個窮人只有一隻小羊，是他買來養的。他照顧小羊，讓小羊跟自己的兒女一起長大。他把自己吃的喝的也餵一些給小羊，讓小羊睡在他懷中，像對待自己的女兒一樣。一天，那有錢人家裡來了客人；他捨不得從自己的牲畜中殺一隻招待客人，卻把窮人家裡那隻小羊取來款待客人。[17]

大衛憤怒地回覆，命令此人得補償和支付懲罰性賠償。但拿單接著宣告：「你就是那個人！」[18]

108 大衛在承認自己的罪行後，祈求上帝寬恕；上帝寬恕了他，儘管是以將出生的孩子要死作為替代性懲罰。父親的罪過轉移到他的兒子身上——算不上公平的原則，但和十誡對於代際間罪過的看法一致：上帝為了先祖的罪，親自懲罰子孫。[19] 大衛後來娶了拔示巴，成為他的第八位妻子，而他們的第二個兒子所羅門最終繼承大衛的王位。

正如拿單編造的虛構案件所示，大衛與拔示巴通姦，就像有錢人取了窮人的小羊，所以大衛犯了侵佔烏利亞財產（他的妻子拔示巴）之罪。[20]

與家族成員發生性關係

〈利未記〉中也禁止通姦：

> 不可跟親戚的妻子有性關係，跟她玷污了你自己。[21]

這項禁令出現在二十項禁止的性關係列表之後。男人禁止與他的母親、他父親其他的妻子、他的姊妹、他的媳婦、他的姑嬸、他兄弟之妻發生關係。[22] 各種狀況的理由都一樣，就像最後一條禁令的字面翻譯所示：「不可露你弟兄妻子的下體：這本是你弟兄的下體。」[23]「下體」是〈羅馬書〉所謂「外生殖器」（「可恥的事」）的婉轉表達——以我們的委婉說法，則是「私處」（外生殖器）。一個男人的兄弟之妻的「下體」屬於她的丈夫，也就是這個男人的兄弟；

使其露出——在性事上——是侵犯他的權利。同樣的準則，也用在其他大部分的禁令上。換句話說，從屬於一名男性親戚的女人，是禁止逾越侵犯的。起初禁令的一個變化版本，強化了這項詮釋：

> 與他父親的妻子同寢之人必受咒詛，因為他掀開父親的衣襟。[24]

與他父親的妻子（可能不是他的母親，儘管這點沒有講明）同寢的男人，強奪了他父親對這個女人（重申一次，她是父親的財產）的權利。

並非所有這些禁令都涉及我們所謂的亂倫——親密親屬之間的性。就第七誡來說，這些禁令和財產有關：延伸家庭中的一個男人侵佔了同家庭另一個男人的財產，即後者所掌控的女人。這就是為何根據我們對亂倫的定義來看，這份列表並不完全：沒有提到父女之間的性，因為女兒是父親的財產，就像准許男人販賣女兒為奴的律法所示。[25]如果一個男人和自己的女兒發生性關係，那麼他無法控訴任何人造成女兒的價值損失。[26]

禁止和從屬於延伸家庭中另一名男性的女人發生性關係，這個禁令是否也不容與這樣的女人結婚的可能性？在這點上〈利未記〉並未言明，儘管在某些敘事中，與同父異母的姊妹結婚是可能的。

她瑪

〈創世記〉敘說了一個名叫她瑪的女人的故事，她原本嫁給族長猶大（雅各的十二個兒子之一）的長子珥，但珥突然過世：經文記載，他行為邪惡，耶和華取了他的性命。根據〈申命記〉的律法規定，當一個男人過世時沒有兒子，他的兄弟有義務娶他的遺孀。她所生的第一個兒子，將延續死去兄弟的家系、傳承他的名字，以及繼承他的財產；這個兒子在法律上會被視為他父親死去兄弟的兒子，而非他親身父親的兒子。[27]

猶大按照這項要求，命令次子俄南履行他身為小叔的責任：「好替你哥哥傳後。」[28] 由於知道「後代」不是他的，每當俄南與他死去兄長的妻子發生性關係時，都遺精在地上。雖然俄南（Onan）之名衍生出「手淫」（onanism，通常為 masturbation 的同義詞）一詞，但俄南並非手淫，而是採取性交中斷。這事得罪了耶和華，所以祂也取了俄南的性命。

由於不知道自己的兒子為何會死，猶大斷定她瑪是個麻煩。民間傳說通常會提到這種「恐怖新娘」，就像〈多比傳〉記載，有一個名叫撒拉的女人，她的七名丈夫接連在新婚之夜死於新房——據說是因為惡魔的緣故。[29] 因此，猶大把她瑪送回她的父親家中，他告訴她瑪，等他第三個兒子示拉成人，她就可以嫁給他。但猶大並不這麼打算。

最終，為了避免沒有後代，她瑪採取了行動，她將自己偽裝成妓女，出現在她所知猶大每年春天剪羊毛的必經路上。猶大上鉤了，他承諾之後會支付報酬，而把他的印章和拐杖交給她瑪，當作抵押品。然後他就「進入她」，她便懷孕了。交易結束後，她瑪卸下偽裝回家去。三個月後，她瑪懷孕的消息傳到猶大耳中，他下令將她燒死，[30] 原因是濫交；[31] 她瑪身為猶大之子的遺孀，是受猶大所掌控的，即使她住在自己父親家中。然而，她瑪出示印章和拐杖，猶大認出那些是自己的東西，便寬恕了她瑪。不久之後，她生下一對男孩，其中之一的法勒斯是大衛王的祖先。[32]

〈申命記〉裡的律法及闡明該律法的她瑪故事，都與〈利未記〉中禁止「與兄弟之妻同寢」的禁令不一致。[33] 或許那條禁令只適用於兄弟還活著之時，也或許比〈申命記〉更晚編成的〈利未記〉否決了早先的要求：藉由與兄長的遺孀生下孩子來保存他的名字。無論如何，猶大與她瑪發生性關係並未明顯受到批評，即使她瑪是他的媳婦，且嚴格來說是屬於他尚存的小兒子。而她瑪迫使猶大做正確的事則受到讚揚，儘管敘事者說猶大「不再跟她同床」。[34]

近親之間的性，也出現在另一位名叫她瑪的女人的故事中，她是大衛的女兒，被同父異母的哥哥暗嫩強暴。[35] 如同第一位她瑪的例子，關於這位她瑪的敘事細節，和我們一直以來考量的律法並不一致。〈利未記〉直接處理這種情況：

> 不可跟親姊妹、異母或異父姊妹有亂倫的關係。[36]

這裡有兩個相關的議題：男人可否和他異父或異母的姊妹（兩人並未結婚）發生性關係？當然不可，特別如果是強暴的話，那會明確受到譴責。但男人可否娶他異父或異母的姊妹？在強暴發生之前，她瑪懇求暗嫩去徵求他們的父親大衛，把她給暗嫩當妻子。因此，她瑪似乎認為同父異母的手足結婚是可能的。亞伯拉罕顯然也這麼做：在〈創世記〉的一個段落裡，他聲稱撒拉既是他的妻子，也是他同父異母的妹妹。[37] 儘管這個聲稱也許很可疑，但這個「妻子—妹妹故事」[38] 特殊版本的敘事者，並不認為男人和他同父異母的妹妹結婚絕不可能。在我們的文化裡，這種婚姻會是亂倫。

羅得的女兒

聖經的記載中，有另一個我們稱為亂倫的例子。上帝毀滅所多瑪（我們很快就會談論理由）之後，倖存者只有羅得和他兩名未婚的女兒。這兩個女人認為世上沒有其他人存活，為了確保她們可以有孩子，連續幾個夜晚，她們讓父親喝醉並與他同寢。我們知道，這樣的結合生下了以色列東邊的鄰族亞捫人和摩押人的祖先。[39]這是〈創世記〉中有關非以色列族群傳奇祖先的其中一則記載，這些記載把以色列人視為該受譴責的性行徑歸給異族。這則記載讓人想起一個時間較早且有類似動機的故事：挪亞的兒子之一含，看見他酒醉的父親赤身露體；因為這個冒犯舉動，含的兒子迦南受到詛咒。[40]這則關於挪亞的簡短故事，表面上和他暴露生殖器有關，但具有同性戀和亂倫強暴的弦外之音。就像羅得一樣，酒醉伴隨著與家庭成員發生性關係，而那些亂倫案例被敘事者視為禁忌。

呂便

「與其他男人掌控的女人發生性關係」的禁令，在雅各的長子呂便的經歷中，曾短暫違犯過。我們從一段簡短的記載得知：「呂便跟父親的妾辟拉睡覺。雅各聽見這件事。」[41]就像聖經裡一些其他的散文敘事，這個事件也有一則較古老的詩體記述，那是雅各對兒子們的臨終祝福。

呂便哪，你是我的長子，
是我力量強壯的時候生的，
本當大有尊榮，權力超眾。
但你放縱情慾，滾沸如水，
必不得居首位；
因為你上了你父親的床，
污穢了我的榻。[42]

呂便是雅各第一個妻子利亞的兒子，他和拉結（利亞的妹妹、雅各的第二個妻子）的奴婢辟拉發生性關係；辟拉為雅各生了兩個兒子但和拿弗他利：辟拉因而是雅各的次要妻子，如同利亞的奴婢悉帕。換句話說，呂便的罪行是違犯「與父親的妻子發生性關係」的禁令，而他所受的處罰是從長子與首要繼承人的地位降級。

115

這則傳奇故事是一些學者所謂的起源論（etiology），即對某習俗、社會事實、地理特徵等的起源解釋：這個案例解釋了，為何曾經那麼強大的呂便支派後來重要性減弱。它也是「把無法接受的性行為歸給外人」這種傾向的另一個例證，由於呂便支派的領地在約旦河東邊，因而超出應許之地的傳統疆界。呂便的行為可能也有政治上的弦外之音，就像大衛之子押沙龍「進入」其父的嬪妃，以及亞多尼雅請求所羅門王將大衛最後的嬪妃賜給他當妻子。

其他禁止的性關係

在「男人與其他男人掌控的女人」的禁止關係列表後，〈利未記〉十八章繼續記載其他的禁令。首先是不可和經期內的女性發生性關係：

> 女人行經不潔淨的時候，不可露她的下體，與她親近。[43]

有關男性和女性生殖器排出物的重要禁忌，在聖經中很常見。射精會造成男人一天的儀式性不潔淨——基於這個原因，男人在參與聖戰期間禁止有性行為。[44] 如果與女人性交時射精，那麼她在當天結束前也是不潔淨。[45] 在女性方面，其他正常的陰道排出物，包括月經以及伴隨生孩子的排泄物，也讓她們不潔淨。[46]

以下是兩則進一步的禁令：

不可與男人苟合，像與女人一樣；這本是可憎惡的。不可與獸淫合，玷污自己。女人也不可站在獸前，與牠淫合；這本是逆性的事。[47]

同樣的禁令可見於〈利未記〉二十章，兩種罪行的刑罰都是處死所有當事者，包括人獸交中的動物。[48]

將人獸交與男性同性情慾關係並置，很有啟發。人獸交被禁止，是因為該行為勢必造成古代人理解的不同自然類別的混合。同樣地，如果一個男人遭人插入，他就被女性化了——他的自然類別受到改變，所以他與插入者都犯了「類別混淆」的罪。同樣的「保持類別區隔」原則，構成了其他禁令的基礎，包括一些規定飲食的律法，以及禁止下述表現的律法：動物雜交、讓兩個不同物種的動物一起犁田、在同一塊地上種植不同的農作物、穿著以不同種纖線編成的衣服，以及穿異性的服裝。[49] 我們知道這些禁令是基於「保持類別區隔」原則，它們是特定文化才具有的。根據聖經權威來聲稱某些行為（如男人之間的性）在本質上是錯誤的，而其他行為（如穿羊毛和亞麻製成的衣服）則不然，這樣做很武斷：聖經作者們本身並未做出這樣的區別。然而，一些當代的衛道人士卻這麼做，他們堅持某些上帝賦予的禁令具有永恆的約束力，而輕率地忽視其他禁令也是上帝所賦予的。

由於聖經其他段落也談到各種同性關係，並且特別因為該議題在今日的適切性，我們需要詳細檢視這個特殊類型的「禁止的關係」。

聖經中的同性關係

同性戀（homosexuality）是一個現代概念——這個詞彙最早用於十九世紀末。同樣地，以當代的認知來說，性取向（sexual orientation）是一種近代的觀念：如果我們去問古代人他們的性取向為何，他們可能會給我們困惑的表情。[50] 我們應該更準確地談論「同性情慾」（homoeroticism）——意思是同性性關係（same-sex sexual relationships）——而不是把我們當代的認知強加在古代的文本上。[51]

118

關於同性情慾關係，聖經說了些什麼？並不太多，特別是相較於如謀殺、竊盜及通姦等罪行，而且也不像人們以為的那麼多。在我們回到對於這種關係的各樣禁令前，我們將先看一些故事，據說這些故事裡描述了這種關係。

大衛和約拿單

我們先從大衛和約拿單開始，一些現代作者將這兩個男人視為情人。以色列的第二任君王大衛，是希伯來聖經中繼摩西之後最重要的人物。部分原因在於他的功績卓越，各種傳奇故事環繞著他，就像亞瑟王（King Arthur）、華盛頓（George Washington），以及其他傳說中與歷史上的領袖一般。

當第一任國王掃羅被殺死後，大衛成了以色列的君王。關於大衛早期生涯的各種敘事，有一個目的是解釋為何繼承王位的是大衛，而非掃羅其中一名兒子。聖經的作者和編者提供了幾個理由。第一，這是上帝的選擇：掃羅已不適任，所以上帝棄絕他而選擇大衛，並要年邁的先知撒母耳暗中膏立大衛，像掃

119

羅的生涯初期也曾有過相似的儀式，來確認這項選擇。[52]第二，大衛就是比較好：據說他殺死非利士巨人歌利亞，而掃羅陣中卻沒有人做得到。（殺死歌利亞的功勳，從另一個不出名的勇士伊勒哈難轉移到大衛身上，由此明顯可知那不僅是傳奇，也是宣傳。[53]）第三，掃羅的長子及預定繼承人約拿單自己承認大衛是候位國王。

約拿單和大衛之間究竟是什麼關係？經文記載，約拿單愛大衛。[54]但這是否意味著他們是情人？大衛似乎是這麼說的。掃羅與約拿單死於和以色列的仇敵非利士人的爭戰，大衛在他對二人的悼詞中，抒情地表達了自己對他們的情感。

> 掃羅和約拿單可親可愛；
> 他們生死都不分離；
> 他們比鷹敏捷，比獅強壯。
> ……
> 吾兄約拿單啊，我為你哀哭；
> 你令我非常喜愛：
> 你對我的愛比女性之愛更加美好。[55]

大衛回憶他的朋友——他所愛的人。但大衛如何愛他？

我們從〈撒母耳記上〉十八、二十章得悉一些細節。在大衛殺死歌利亞的故事之後，我們隨即讀到：「約拿單的心與大衛的心深相契合。約拿單愛大衛，如同愛自己的性命……就與他結盟。約拿單從身上脫下外袍，給了大衛，又將戰衣、刀、弓、腰帶都給了他。」[56] 接著，在掃羅計畫殺害大衛（掃羅準確看出大衛想要繼承他的野心）之後，約拿單和大衛重申他們對彼此的承諾，而當他們最後一次見面時，「二人親嘴，彼此哭泣。」[57]

對現代讀者來說，這些場景具有情慾的弦外之音，特別是脫下衣服和親嘴。但大衛和約拿單之間的關係屬於同性情慾嗎？情慾的表達是因應文化而定的，我們認定為情慾的表現，對古代的讀者來說可能不見得如此。有時親嘴就只是親嘴：在聖經的時代，就像在許多和我們自身文化相異的文化中，男性之間的親嘴只是一種情感表達，不必然涉及性。[58] 在這些社會中——男人和女人在結婚前相分隔，且女人被視為低於男人——男性間的緊密相連不足為奇。我們發現相同的表達也用在其他古代的男性英雄身上，像是著名的美索不達米亞《吉爾伽美什史詩》（*Epic of Gilgamesh*）中的吉爾伽美什（Gilgamesh）和恩奇杜（Enkidu），以及《伊利亞德》（*Iliad*）中的阿基里斯（Achilles）和帕特羅克洛斯（Patroclus）。這些英雄無一是現代意義下的男同性戀者——性慾對象為其他男性的男人。與吉爾伽美什和阿基里斯的情況一樣，有數筆資料顯示大衛的性趣對象是女性——拔示巴事件是典型的例子。因此，大衛知曉什麼是「女性之愛」，[59] 而他說約拿單的愛「更加美好」，是在歌頌父權社會中男性友誼非常特別的性質。

「愛」這個字有其他的面向。據說古代近東的條約簽署者彼此相「愛」，並且互稱「兄弟」（當雙方在政治上對等），以及「父」或「子」（當一方比另一方更有權勢）。有一個好的例子：泰爾王希蘭和成為國王的大衛之間的條約或盟約（也可用希伯來字 *berît*），後來希蘭與大衛的繼承人所羅門續簽條約。在這條約中，他們互稱為彼此相「愛」的「兄弟」。[60] 相同的傳統表達——和「盟約」有關的語義群（semantic cluster）的一部分——也用於約拿單和大衛。他們立下盟約，約拿單據此把他的王儲身分讓與大衛：這是他把自己的王家服飾交給大衛的原因。就像希蘭和大衛的關係，約拿單與大衛是盟約夥伴、彼此相愛的「兄弟」，但他們並非性伴侶，儘管有些男同性戀社運分子這麼宣稱。[61]

所多瑪與雞姦

在聖經的記載中，另一個被視為男性同性情慾的例子，也是現代的反同人士經常引用的，就是眾所周知的罪惡之城所多瑪的故事。所多瑪及其姊妹城蛾摩拉的正確位置不詳，但聖經作者將其定位於死海靠東的區域。

這個區域是地球大陸上的最低點，低於海平面一千二百呎以下。該區的地質情況加上低海拔，荒涼而貧瘠。夏季溫度可高達華氏一百二十度，空氣中瀰漫著硫磺味。這個區域怎麼變得如此讓人生畏？對聖經作者來說，那必定是上帝的懲罰，因為天災、疾病、甚至最終的死亡，都被理解成是上帝所施加的。所多瑪毀滅的故事是另一個起源論的例子，起源論是對風俗、社會實況或這裡提到的地理特徵之起源的一種敘事解釋。

所多瑪是亞伯拉罕的姪兒羅得移居之地，那時該地仍是「水源充足，好像耶和華的園子，又像埃及的土地」，[62] 亞伯拉罕自己則留在約旦河西邊的迦南地。但敘事者告訴我們：「所多瑪人邪惡，他們大大得罪上主。」[63] 數章之後我們得知，他們未被指明的罪惡如此之大，以致出現了「控訴」——持續向耶和華申訴——而祂決定去調查。在耶和華與亞伯拉罕共膳（其間祂應允撒拉將生下一個兒子）之後，祂告訴亞伯拉罕，祂將毀滅罪惡之城所多瑪及蛾摩拉，因為「我聽到許多控訴所多瑪、蛾摩拉的話；它們惡貫滿盈」。[64] 在一段幾近滑稽的討價還價之後，亞伯拉罕獲得耶和華的應許，不消滅任何住在所多瑪的無辜者。[65] 然後，耶和華的信使（祂的「天使」）前去所多瑪執行他們的任務。

何等罪大惡極才使得耶和華將這肥沃區域變為不毛地帶？隨著敘事開展，接下來的記載顯然提供了線索。亞伯拉罕的姪兒羅得收留了上帝的信使，他殷勤款待他們。當筵席結束，

> 他們還未就寢前，所多瑪城的男人不分老少，都來包圍這間房子。他們對羅得呼喊：「今晚到你家的那些男人在哪裡？把他們帶出來交給我們，好讓我們認識他們。」[66]

這不只是希望更認識在城裡的外地人，而是用了熟悉的委婉說法：「認識」他們。[67] 所多瑪的罪惡是雞姦嗎？看起來是這樣。但是等一下——羅得把自己的女兒提供給城裡的人。

> 我有兩個女兒，還是處女［還沒有認識男人］，容我領出來，任憑你們的心願而行；只是這兩個人既然到我舍下，不要向他們做什麼。[68]

就羅得所知，以現代術語來說，所多瑪的男人並非同性戀者，他們和羅得的處女女兒，也會像和他的男性賓客一樣開心滿意的。

最後，上帝的信使扭轉了局面，他們讓所多瑪的市民眼目昏迷，隔天該城便與蛾摩拉及其鄰居一同毀滅。然而，羅得和他的家庭獲得拯救，實現了上帝不消滅城中任何好人的應許。（羅得的無名妻子並沒存活太久——由於未遵從天使「不要回頭看」的專斷命令，她變成了一根鹽柱。）因此，這件事的含意是，羅得藉由善待他的客人來展現他的義；在這種情況下，把自己的女兒提供給暴徒在道德上是可接受的。

但是，觸發耶和華毀滅所多瑪的究竟是什麼樣的罪惡？各種最早的聖經解釋——從時序上及文化上最接近聖經作者的時代——可見於聖經本身。其中一種這樣的解釋，可見於稱為〈所羅門智訓〉的公元前一世紀猶太著作。關於所多瑪的居民，〈所羅門智訓〉的佚名作者這麼說：他們「拒絕接待客旅……把友善的賓客充作奴僕」。[69] 對這位古代的作者來說，所多瑪市民的一項罪惡是，嚴重違犯「款待」（hospitality）這項古代的重要社會原則：他們想強暴城裡的外地人。現今，就像女性主義者具說服力地主張，強暴是一種暴力的罪行，而不是性的罪行：換句話說，強暴是一種支配的暴力形式，運用「性」而非性欲

125 （libido）的不當暴力表達。因此，企圖強暴羅得的客人，是所多瑪不道德的一個例子，因為他們想以暴力傷害城中的外地人來違犯款待原則。

我們在利未人的妾遭受強暴的恐怖敘事中，看到所多瑪故事的再現，那段敘事被貼切地稱為「駭人的經文」（text of terror）。[70] 這則故事設定在公元前二千年末期的士師時代，「以色列還沒有王的那段時期」，該故事始於這兩人的婚姻：一個住在以色列中部以法蓮山地的無名利未人，以及他來自猶大的伯利恆（位處耶路撒冷以南數哩）、同樣無名的次要妻子。不過，她離開丈夫，回到自己的父親家中。過了四個月，她的丈夫前去帶她回家，隨行還有一名僕人和兩匹驢子。當他抵達伯利恆，他的岳父熱切地招呼他——或許這樁婚姻畢竟還有希望。他們一起宴樂了幾天，儘管這個利未人準備要回家，但他的岳父堅持他們再住一晚。更多的宴樂過後，最終在第五日，這個利未人、他的妻子及僕人啟程，往北二十五哩的路程返家。但那時天已經很晚了，當他們到達耶路撒冷時，他的僕人建議在那裡過夜。這個利未人拒絕，因為耶路撒冷是「外邦城市」——在大衛奪取該城之前，它仍屬於迦南人的——並說他們應該再往北多走幾哩路，到以色列人的城市基比亞。

126 當這三人抵達基比亞，他們準備在這城的廣場野營；他們的以色列同胞無人展現款待。但出現另一個住在基比亞的以法蓮人，這名剛從田裡工作回來的老人，看見他們在廣場，便邀請他們到自己家裡。在他們輕鬆享用晚餐時，

城裡的男人，一些無賴包圍這房子，不停敲門。他們對老人說：「把到你家裡的那個男人帶出來，好讓我們認識他。」老人到門外對他們說：「不！我的弟兄們，不要邪惡地對待到我家裡的那個男人，不可做這種醜惡之事！我的處女女兒和他的妾在這裡：我會送她們出去。你們可以強暴她們，隨心所欲地對待她們——但不要對那個來我家裡的男人做這種醜惡之事。」71

就像在所多瑪，如今有外地人來到城裡。就像在所多瑪，他們被一個僑居外人（resident alien）收留。就像在所多瑪，城中的男人包圍客人留宿的房子，並要求把那個利未人帶出來，「好讓我們認識他。」就像在所多瑪，主人訴諸款待原則。就像在所多瑪，主人提供兩個女人當作替代——在這個事例中，是他的處女女兒和利未人的妾。然而，這次沒有天使來救援。

那些人卻不聽從他的話。那人［利未人］就把他的妾拉出去交給他

> 們，他們便與她交合〔認識〕，終夜凌辱她，直到天色快亮才放她去。天快亮的時候，婦人回到她主人住宿的房門前，就仆倒在地，直到天亮。[72]

值得一提的是，這裡並非一個迦南城市（如所多瑪），而是以色列城鎮基比亞，而平行的文字暗示，它的居民和所多瑪居民一樣惡劣。並且就像在所多瑪，同性情慾不是這個故事的主要元素。事實上，基比亞的居民和所多瑪市民一樣，都是意圖強暴女人以及男人的強暴犯，粗暴地漠視款待原則。

這個原則是以色列人彼此間的盟約義務的核心部分——愛鄰舍，即以色列同胞。基比亞的男性違犯了此核心原則，這解明了為何那名利未人的反應：

> 早晨，她的主人起來開了房門，出去要行路，不料那婦人仆倒在房門前，兩手搭在門檻上；就對婦人說：「起來，我們走吧！」婦人卻不回答。那人便將她馱在驢上，起身回本處去了。到了家裡，用刀將妾的屍身切成十二塊，使人拿著傳送以色列的四境。[73]

接下來是以色列眾支派的復仇戰，起先針對基比亞，最後針對整個便雅憫支派

（基比亞屬於該支派的領地），因為部分支派成員犯了「以色列中的醜惡之事」。[74]

我們必須停下來想一想這個可憐女人的命運。她為何離開自己的丈夫？經文記載「她很淫亂」；古代和現代譯者將此淡化為「她對他很惱怒」。這當中另有內情嗎？一如聖經常見的情形，我們無從知曉。或許這種對不貞的控訴，是男性敘事者對她丈夫所做之事的預想辯解。無論如何，這是父權制度最糟糕的表現：為了維護對男性客旅的款待原則，將一名無助的女人送去給人輪姦。儘管我們這樣帶著情感讀進其他文化的文本會冒著誤解的風險，但在此我們這麼想或許是合理的：這則故事對於其古代讀者和對我們來說，同樣是可怕的；既因為故事的結局，對兇手的懲罰，也因為受害者的悲慘景象——她設法回到家裡，她的丈夫發現她仆倒在地，「兩手搭在門檻上。」

「所多瑪的罪惡是不款待」這種解釋，也隱含在被認為是耶穌所說的話之中。當耶穌給予自己的核心圈子（十二門徒）有關巡迴事工的指示時，他這麼下結論：

> 無論進哪一城，人若接待你們，給你們擺上什麼，你們就吃什麼。要

129 醫治那城裡的病人，對他們說：「上帝的國臨近你們了。」無論進哪一城，人若不接待你們，你們就到街上去，說：「就是你們城裡的塵土黏在我們的腳上，我們也當著你們擦去。雖然如此，你們該知道上帝的國臨近了。」我告訴你們，當審判的日子，所多瑪所受的，比那城還容易受呢！[75]

就像在〈創世記〉和〈士師記〉裡的情形，此處的問題是不款待——在相同的罪行上，將比所多瑪遭受更嚴厲的懲罰。

因此，試圖強暴羅得的訪客是一個實例，顯示出所多瑪觸怒耶和華的行徑。但是虐待外地人並非所多瑪唯一的罪惡。公元前六世紀初的先知以西結對耶路撒冷這麼說：「看哪，你妹妹所多瑪的罪孽是這樣：她和她的眾女都心驕氣傲，糧食飽足，大享安逸，並沒有扶助困苦和窮乏人的手。她們狂傲，在我面前行可憎的事，我看見便將她們除掉。」[76] 公義是那些身處社會邊緣的人最應得的：窮人、寡婦與孤兒，以及外地人。換句話說，所多瑪未能供給這些最無權無勢的人。那是「控訴」的緣由，「控訴」一詞在聖經其他地方意指，受到不公義對待之人懇求上帝的幫助。[77] 而這正是上帝施予懲罰的原因——從前毀滅所多
130 瑪，根據以西結所言，還有不久將來的耶路撒冷。

在聖經各處，所多瑪很常被用來當作以色列的代名詞。眾先知反覆將他們的以色列聽眾喻為所多瑪的居民，就像〈士師記〉十九章的作者隱晦地表達。因此，在公元前八世紀末，以賽亞對他的以色列聽眾這麼宣告：

> 你們這所多瑪的官長啊，要聽耶和華的話！
> 你們這蛾摩拉的百姓啊，要側耳聽我們上帝的訓誨！
> ……
> 要止住作惡，
> 學習行善，
> 尋求公平，解救受欺壓的；
> 給孤兒伸冤，為寡婦辨屈。[78]

我們從這些古代的解釋獲知，現在可以闡明所多瑪如何「罪大惡極」：社會不公義——虐待無權無勢的人。外地人也屬於無權無勢的人，〈創世記〉十九章記載的羅得故事，提供了一則生動的例證，說明外地人在所多瑪如何被虐待——遭受強暴。同性情慾的關連僅是次要。[79]

關於所多瑪的罪惡，聖經或許包含了另一種解釋，像是雞姦。[80] 那種可能

131 的解釋可見於新約的短信〈猶大書〉。[81] 該書信的作者提醒讀者，上帝過去對罪人所施加的懲罰：

> 上主曾經拯救百姓脫離埃及地，後來將那些不信的人滅絕了。有些天使不守本分、離開自己的住所，上主用解不開的鎖鍊將他們拘禁在黑暗裡，直到審判的大日子。同樣地，所多瑪、蛾摩拉和周圍的城市，就和他們（天使）一樣，行為淫亂且追逐其他的肉體。[82]

「追逐其他的肉體」可指涉所多瑪和蛾摩拉的同性情慾傾向；若是如此，這便是聖經中唯一這樣明確表達的經文。[83] 但此處的上下文顯示出另一種解釋方式。有關天使的那行經文，指涉了「神的眾子」如何與人類女子交合的神話，[84] 那種行徑逾越了上帝的領域和人類的領域之間的基本界限。緊接在後有關所多瑪和蛾摩拉的經節，或許將那裡所發生的事解釋為類同卻反向的逾越。如同天使的罪惡是與人類女子發生性關係，所多瑪居民的罪惡是想要和拜訪羅得的天使發生性關係——他們追逐「其他的肉體」，也就是天使的「肉體」（一種委婉表達），那是禁止凡人碰觸的。[85]（他們顯然一如預料，知道羅得的訪
132 客是天使。）根據這樣的解釋，所多瑪居民的罪惡並非一般的雞姦，而是像那

些天使一樣，他們使不同的類別混雜。因此，最起碼〈猶大書〉不必然指稱所多瑪的罪惡為雞姦。

然而，通曉聖經的讀者可能會提出反對，認為聖經確實有提到雞姦（sodomy），或者至少是雞姦者（sodomite）。並非如此：聖經的希伯來文或希臘文中，都沒有源自所多瑪（Sodom）城名的這種確切詞彙。反倒是有些譯者用「雞姦者」一詞，來翻譯一些希伯來文和希臘文字詞。因此，歷史悠久的一六一一年《欽定版聖經》，將〈申命記〉二十三章17-18節譯為：

> 以色列的女子中不可有妓女，以色列的男子中不可有雞姦者。你不可將妓女的酬勞或公狗的價金，帶到上主——你上帝的殿還願，因為這兩者都是上主——你上帝所憎惡的。

更接近字面的譯法是：

> 以色列的女子中不可有神聖的女人，以色列的男子中不可有神聖的男人。你不可將娼妓的工錢和公狗的酬勞，帶到耶和華——你上帝的殿還願，因為這兩者都是耶和華——你上帝所憎惡的。

133

就像我的版本所顯示的，《欽定版聖經》譯為whore（妓女）和sodomite（雞姦者）的字——除了其文法上的陰性陽性分別——其實是相同的字，意指「神聖」；這個字也以陽性出現在〈列王紀上〉和〈列王紀下〉的數段經文中，《欽定版聖經》也都以「雞姦者」來翻譯，[86]但該字的意思很不清楚。較多新近譯本[87]譯為「廟妓」或「教派娼妓」，將這條律法闡釋為禁止宗教賣淫（sacred prostitution，包含性交以增進生產力之儀式）。

自古以來，宗教賣淫據說就存在，但值得注意的是，論者都是不屬於其他文化的外人。公元前五世紀的歷史學家希羅多德（Herodotus）報導巴比倫有如此奉行，羅馬的歷史學家將此行徑歸屬於他們的敵人迦太基人身上，而早期基督教作者則是歸屬於異教徒。現代學者延續這種「東方主義」（Orientalism），不斷在聖經裡找尋迦南人宗教賣淫的證據（並且相應地翻譯經文），就像聖經作者把性偏差行徑歸給他們的鄰邦一樣。然而，來自據稱有宗教賣淫的巴比倫、迦南、迦太基，以及其他文化的各種資料來源，都沒有提到這種行徑，所以學者間逐漸形成共識：宗教賣淫從未發生。[88]

在前面引述的律法中，「神聖」一詞可能是賣淫者的委婉詞。[89]同樣的字

134

彙也用在她瑪身上：為了誘騙公公猶大使她懷孕，她瑪偽裝成賣淫者（這個普

通字彙也用於此），而關於她的敘事中並沒有提到神廟。[90]（「公狗」顯然是指「男妓」的貶抑用詞。）這些男女很可能是一般的賣淫者，有些賣淫者會在人多聚集的地方拉客，像是神廟。無論如何，儘管〈申命記〉的這條律法禁止把男性和女性賣淫者的所得用在宗教奉獻上，但該律法並未具體指明嫖客的性別為何，而且該律法和雞姦或所多瑪也沒有明確的關連。數個世紀以來，不同翻譯者和詮釋者的意見不合，顯示出我們不僅對於古代的語言及文化，還有對性取向，所理解的是如何地變化。

對同性情慾關係的禁令

一些英文聖經譯本在新約的兩段經文中，也使用「雞姦者」一詞，我們即將檢視。讓我們先回到〈利未記〉兩條禁止同性情慾關係的律法：

> 不可與男人苟合，像與女人一樣；這本是可憎惡的。[91]
>
> 人若與男人苟合，像與女人一樣，他們二人行了可憎的事，總要把他們治死，罪要歸到他們身上。[92]

135

這兩條律法是希伯來聖經中，明確提到男性同性情慾關係的僅有經文，後者是前者的擴充。

兩條律法都出現在禁止的性關係目錄中：和同屬延伸家庭的女性有性關係、月經期間性交、通姦、人獸交等等。〈利未記〉進一步聲明，這些行徑（「可憎之事」）是迦南人所為，他們在以色列人到來之前就一直住在應許之地。[93] 然而，古代近東的其他法典事實上也有類似的禁令，所以這些行徑是普遍的禁忌。聖經作者們再次將他們視為逾越界限的性行為歸屬給其他人，或者至少是少部分作者這麼做。〈申命記〉的律法中並沒有男男性交的禁令，儘管〈申命記〉的律法和較早的〈出埃及記〉與〈利未記〉的律法有廣泛重疊。最後，希伯來聖經對於女同性戀關係隻字未提，可能是因為這種關係與父權無關——或者就這點來說，不涉及父系體制。

新約和希伯來聖經一樣，對於同性情慾關係也談得不多，但有三段經文確實譴責這種關係。最早的一段，出現在保羅寫給希臘城市哥林多的基督徒社群的書信中。

136

你們不知道作惡者將無法繼承上帝的國嗎？不要欺騙自己：通姦者、

> 拜偶像之人、行姦淫的人、柔軟男人、與男人上床的男人、竊賊、貪婪之人、酒醉之人、毀謗人的人、強盜，都無法繼承上帝的國。然而，你們當中有些人從前正是這樣。但是，你們被洗淨了，你們藉著主耶穌基督的名和我們上帝的靈被稱義了。[94]

保羅在這裡改編了希臘和羅馬的衛道人士，以及早期基督教作者最愛的文類——美德與惡行的列表。他編在惡行的部分，包括了男性同性情慾關係，以及可能與此有關的行為。[95] 整體來說，保羅的意思很清楚，儘管他的用字並不清楚，而各種翻譯方式卻可能將我們引入迷途。其他的譯者把我按字面譯為「柔軟男人」（soft men）的字彙，譯成「男妓」（male prostitutes）、「童妓」（boy prostitutes）及「娘娘腔」（effeminate）。[96] 同樣地，我譯為「與男人上床的男人」（males who bed males）的字彙，以不同方式被譯成「活躍的同性戀者」（practicing homosexuals）、「性變態」（sexual perverts）及「雞姦者」（sodomites）。[97] 我們再次看到，我們從這些翻譯得知譯者自身對於同性性關係的觀點，更甚於希臘原文的意思。

我譯為「與男人上床的男人」的那個希臘字很罕見，而該字最早出現在希臘文獻中是在〈哥林多前書〉。這個字似乎是保羅新造的，他依據的是古希臘譯本對〈利未記〉十八章22節和二十章13節的翻譯。[98] 因此，保羅對於希臘文化下的同性情慾關係無論會有什麼了解或想法，在此他似乎是受到聖經律法所啟發。

我們在〈提摩太前書〉發現類似的列表，〈提摩太前書〉是一封被歸屬於保羅、但並非由他所寫的書信。在討論到「律法」（妥拉）的上下文中，該書信作者這麼闡述：

> 律法不是為義人設立的，乃是為不法之人和不守規矩的人、不虔誠之人和有罪的人、不聖潔之人和世俗之人、殺害父母的人、謀殺者、通姦者、與男人上床的男人、販賣奴隸的人、騙子、立假誓之人或其他與純正教導對立之人而設立的，這些是依據我受託的可稱頌之上帝的榮耀福音。[99]

如同在〈哥林多前書〉的情形，「與男人上床的男人」與其他犯罪者相連，彷彿他們的行為顯然有錯。但是，〈提摩太前書〉的作者和保羅一樣，並沒有詳盡闡述。一些早期的基督教作者是否反對男性之間的同性情慾關係？是的。他們之所以反對，是因為在他們的希臘羅馬社會環境下對這種表現感到恐懼，還是出於他們〈利未記〉中的禁令，或者兩者皆是？我們並不清楚。

新約中第三段涉及同性關係的經文出現在〈羅馬書〉，那是保羅最後的書138信之一。在論及上帝對拜偶像之人的憤怒（因為他們蓄意否認上帝存在於受造世界中），保羅宣告上帝將懲罰他們：

> 因為這樣，上帝任憑他們放縱自己的情慾；不但女人以反自然的性行為替代自然的性關係，男人也放棄跟女人自然的性關係，彼此慾火中燒，男人跟男人做可恥的事，結果招來這種敗行所應得的懲罰。[100]

這些是聖經中唯一明確提到女性同性情慾關係的經節。此外，這些經節聲稱，男性和女性的同性情慾都是上帝施加的情況：與男性發生性關係的男人，以及與女性發生性關係的女人，之所以如此行，是因為上帝令他們做這事。諷刺的是，這和「性取向是天生的而非選擇的」這種現代觀點相差不遠，儘管保羅並不是那樣說。

上述各經文段落，都沒有詳盡闡明它們對同性情慾關係的譴責。我猜測保羅有部分受到古代以色列的「混合不同類別」禁忌所啟發，在他的書信中可看到這種觀念。他似乎也抱持何謂「自然」的觀點，但那種觀點也是受文化制約的，就像他堅持男性不應該留長髮，因為這麼做是不自然的。[101]

139

耶穌及同性關係

一些早期的基督教作者譴責同性情慾關係，但耶穌本人又是如何呢？耶穌身為相對奉規守法的猶太人，可能不贊同男同性情慾活動，因為這種行徑在〈利未記〉中受到譴責。但要注意這「可能」——因為各卷福音書沒有記載耶穌對此議題的隻字片語，而且就這事來說，也鮮少論及一般的人類情欲（sexuality）。耶穌一直以來似乎關心人際動態，以及人類與上帝的關係，更甚於性的道德。如果〈約翰福音〉後加的經文——耶穌阻止處死犯姦淫罪的女人[102]——反映了耶穌自己的死刑觀點，那麼他也不會贊同處死發生同性性關係的男人，儘管〈利未記〉如此要求。

耶穌自己的性生活又是如何呢？各卷福音書對此問題再次保持沉默，就像它們對於耶穌是否已婚不置可否。（然而，在耶穌的時代，成年猶太男子仍未婚並不常見。）當然，後來的作者以各樣不同的方式，闡述了各種曖昧的關係。

例如，抹大拉的馬利亞是耶穌的情人，甚至是他的妻子，而且他們還有孩子。或者，耶穌特別吸引年輕的男性，尤其是他的追隨者之一，即「耶穌所鍾愛的門徒」，[103]這位門徒在最後的晚餐時——《欽定版聖經》這麼翻譯希臘文——「側身挨近耶穌的懷裡。」[104]儘管一些譯者在這些關係中察覺到性的影射，但那不可能是作者們有計畫設計的。在這種不一致的情況裡可能出現富有想像力的猜測，正提醒了我們證據的缺乏，而非二擇一的可能性。

聖經的作者們意識到各種同性關係，少數幾位明確反對這些關係，至少是反對部分關係。但作者們對於這些關係的理解，就像他們對於性別及奴隸制度的理解，是屬於他們自身時代的理解。主張聖經反對同性戀（或者更好的說法是同性情慾）的當代衛道人士是對的，惟當他們訴諸聖經權威為永恆且絕對的道德規範時，便忽略了聖經寫作的文化處境。此外，這種衛道人士選擇性地使用聖經權威。基於聖經這麼說而主張同性戀是錯誤（但對亂倫、通姦及人獸交卻沒說什麼）的人，很少也依著聖經的說法來強調對這些罪行施行死刑。那麼在現代文化戰爭中有關性道德及整體的道德，聖經具有任何相關性嗎？這是我們將回來探討的議題。

第五章
以色列中的醜事
強暴與賣淫

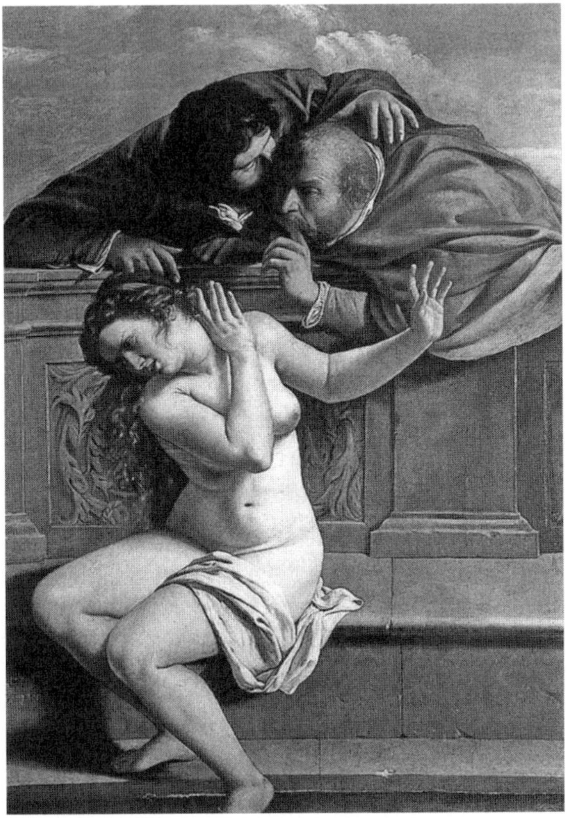

阿特米西亞・楨迪列其（Artemisia Gentileschi, 1593-1654），〈蘇珊娜與長老〉（*Susanna and the Elders*），約 1610 年。

（Artemisia Gentileschi, *Susanna and the Elders*. Schloss Weissenstein, Pommersfelden.）

強暴

143 強暴未遂是史上可能最早的偵探故事裡的罪行，該故事是〈但以理書〉數個補篇之一。[1] 這則故事的場景設定在巴比倫的猶太人當中（猶太人在公元前六世紀初被虜至巴比倫），儘管巴比倫人沒有出現在敘事裡。

這則故事以蘇珊娜來命名，蘇珊娜是富有的約阿敬美麗賢慧的妻子；約阿敬也沒有直接出現在故事中。猶太社群裡兩個擔任審判官的邪惡長老，在約阿敬的家中開庭審案。每當中午訴訟當事人離開後，蘇珊娜習慣在她丈夫的花園裡散步。兩個長老都對她產生性的迷戀。有一天，他們對彼此說：「是時候吃午飯了，我們回家去吧。」但兩人分別計畫回頭意淫蘇珊娜，而當他們在花園相遇且發現他們一同迷戀時，便開始密謀將迷戀付諸行動。

144 在一個炎熱的日子，蘇珊娜打算在她的花園沐浴，而不像往常一樣去散步。當她差遣女僕去拿橄欖油和油膏時，這兩個長老從藏匿處現身，並要求她與他們發生性關係。「如果妳拒絕，」他們說：「那麼我們將指證妳，說有一個年輕男人和妳在一起，而那正是妳打發女僕離開的原因。」即使蘇珊娜知道這意味著她的死期將臨，但她拒絕了——她寧可承受無辜的通姦死刑，也不願因實際通姦而違反父母教導她的摩西律法。

蘇珊娜出聲尖叫；兩個長老也大聲呼喊；人們趕到花園來，邪惡的長老們便誣衊指控她。隔日，當兩個長老開庭審案，他們要求蘇珊娜除去面紗，這麼一來——敘事者告訴我們——他們便能滿足自己貪圖她美貌的慾望。由於他們在社群中的地位，他們獲得信任，而蘇珊娜遭判處死刑。正當蘇珊娜要被帶去用石頭打死（就像傑克森〔Shirley Jackson〕的〈樂透〉〔The Lottery〕所描寫，丟石頭是一種集體行動），上帝回應了她申冤的禱告，祂感動一個名叫但以理的年輕人（先前尚未出場），他指示人們回到審訊室，因為蘇珊娜遭受不公正地指控。

但以理憑藉所羅門般的智慧，把兩個齷齪的老男人隔開，分別詢問他們，那椿聲稱的通姦是在什麼樹下發生的。當兩人的答案不一致時，他指控他們作假見證，而他們便依照摩西律法的規定遭石頭打死。[2] 最終得到完滿的結局，所有人都讚美上帝。

這則簡短的故事滲透著其他聖經經文的典故。花園的希臘文是paradeisos，字面意思是「樂園」（paradise），像是伊甸園。我們也想起〈雅歌〉中性慾高漲的花園意象。蘇珊娜虔誠而美麗，如同希臘化時代猶太文學中的其他女主角：猶滴和以斯帖。蘇珊娜就像拔示巴，在沐浴時被有權勢的男人窺視，卻無力保護自己。蘇珊娜在法庭上也是無權無勢：她從未替自己作證。因此，雖然蘇珊娜的美德受人稱讚，但真正的英雄是但以理。

英文的「強暴」（rape），在古希伯來文和古希臘文中都沒有準確的對應字彙。在希伯來聖經中，幾個意指「抓住」、「壓制」及「強迫」的字詞，通常合成為用來表達強暴的詞彙。新約則沒有提到強暴。

聖經中有少數律法明確談到強暴。其中一條是關於還未訂婚的女人：

如果有人強姦了還沒訂婚的處女，被人抓到了，他必須付給女子的父親五十個銀圓［舍客勒］作聘金，娶她作妻子，終生不能離棄她，因為他強姦了她。[3]

在另一個變體版本的律法裡，[4] 女人是受引誘而非強暴。但在這兩種情況下，遭損失的都是女人的父親而不是她本人，並且犯案的男人都要娶被他奪去童貞的女人；事情怎麼發生並無關緊要。兩條律法的主要差異在於離婚——強暴後的婚姻不許離異。

在〈申命記〉中，出現在這條律法之前的是，關於和已訂婚（即在契約上與另一個男人結連）的處女性交的律法。針對這種情況，有不同的實際模式與懲罰方式：

> 如果有人在城裡跟別人的未婚妻通姦，你們必須帶兩人到城外，用石頭打死。女的該死，因為她雖然在城裡，卻不出聲求援；男的該死，因為他姦污別人的妻子。這樣，你們就除掉了你們中間的這種惡事。
>
> 如果有人在野外強姦了別人的未婚妻，只有那男子該處死。你們不可傷害那女子；她並沒有該死的罪。這種案件跟人在野外被謀殺相同。這個男子在野外強姦她，她呼救也沒有人會來救她。[5]

147

在這條律法中，強暴是一種暴力的罪行：援引的類似例子是凶殺。唯一獲得承認的女性權利是，如果女人被強暴時，沒有人可聽到她的求救呼喊，那麼她就保有無罪推定；否則，她也會被預設為有罪。受害的一方並非這個女人，而是一個男人——在這個案例中是她的未婚夫（他的「妻子」遭受「強迫」）。從前男人有權期待他的未婚妻是名處女——事實上，他可能早已支付了處女的聘金。她失去童貞，就等同於通姦。我們再一次看到，事情是怎麼發生的——雙方同意的性交、誘姦或強暴——並無關緊要。

底拿

雅各除了從四位不同的妻子得到十二個兒子，還有許多女兒。但聖經中唯一有記載名字的是底拿，她是雅各和利亞所生的女兒。當底拿正在家人所居之地和當地的女性交往時，她被該地統治者的兒子示劍強暴了：「他抓住她，與她發生關係，強迫她。」[6]之後，示劍為底拿所吸引，便要求父親為他安排迎娶底拿。

但底拿的胞兄長西緬和利未，不願接受此事，因為示劍「與雅各的女兒發生關係」且「玷污她」，「在以色列家做了醜事」。他們假裝同意婚事藉以復仇，條件是遵照雅各家的慣例——示劍居城的所有男性都要受割禮。[7]他們同意了，而到了第三天，當他們都還受著割禮後的疼痛，西緬和利未將他們全部殺光，並從示劍的家中帶走底拿——這樁婚姻（或至少是訂婚）卻已訂立契約。接著，雅各所有的兒子掠奪了那座城市，俘虜女人和孩童，此舉令他們的父親深感遺憾：雅各擔憂其他迦南人的報復。但西緬和利未說：「我們的妹妹豈該被當作妓女？」

這段敘事讓我們知曉各種對於強暴的態度。對西緬與利未來說，這是「以色列家的醜事」，該說法也用在利未人的妾遭到強暴一事。[8]為什麼西緬與利未如此憤怒？就只是因為強暴？雅各對此似乎並不在意：他的女兒儘管被人強暴，但還是能在獲得全額聘金下，可滿意地出嫁。對兄長們來說，這事或許也和內婚制（只有相同群體的成員才可通婚）的原則有關。因此，主要的議題是支派習俗和家族榮譽，而非發生在底拿身上的事，她本人的感受不被著墨，她也不曾發聲。

示劍也是發生這起事件的城市之名。如同〈創世記〉裡常見的情況，個人化的敘事底下潛藏著更大的政治議題——在這個案例中，即是由雅各眾子繁衍而出的以色列人，如何掌控了示劍這座重要的北方城市。根據〈創世記〉後面的記載，西緬與利未因自己的暴怒而受到譴責，這解釋了為何他們在以色列中失去權勢：[9] 所有雅各眾子的故事，基本上都是在解釋支派的歷史。

她瑪

她瑪——或許是以她的遠祖猶大的媳婦之名來命名（這個名字在該氏族中一直受人喜愛）[10]——是大衛的女兒之一，她的悲慘故事緊接著大衛與拔示巴事件。這樣的並置更能讓讀者聚焦於耶路撒冷王室裡的性與暴力議題。她瑪是個美麗的未婚女子，她被哄騙去探訪同父異母的兄長暗嫩（大衛至少有八名妻子）。當暗嫩要求她瑪與他同寢，她拒絕了：「不要！哥哥，不要逼我做這種醜事。在以色列不許有這種事！」[11] 她瑪反而建議暗嫩去請求他們的父親，把她給暗嫩為妻。但暗嫩強暴了她。之後，暗嫩不像示劍，他不想再與她瑪有所牽連，而把她打發走。她瑪流淚離去，她把灰撒在頭上，並且撕裂自己的王室衣袍——她的「彩衣」，就像雅各送給鍾愛的兒子約瑟的那件彩衣。

暗嫩與大衛的處女女兒同寢（因而減損了她的價值），此舉侵犯了父親的權利。但暗嫩身為大衛寵愛的長子，並沒有受到懲罰，而她瑪成了胞兄長押沙龍家中蒙羞的悲慘女子。如同底拿胞兄長西緬與利未殺光示劍的居民，押沙龍親手殺死了暗嫩，實施了大衛不願施加的懲罰。

暗嫩與她瑪的敘事有一點不尋常的，就是關注她瑪本人。在底拿受強暴的故事中，我們無從得知她的感受及心願。然而，儘管在她瑪絕望的懇求裡和遭受強暴後的處境中有著某種哀傷，但她瑪及其兄長的社會處境是父權的：爭議在於父親的權利遭到兒子的僭奪，而當父親拒絕行動時，卻由另一名兒子施行懲罰。

因此，對聖經的作者們來說，強暴就像通姦：這種行徑侵犯了掌控受害者的男性（她們的父親、兄長、未婚夫或丈夫）的權利。遭強暴的女性身上發生了什麼事，無足輕重。

151

賣淫

「世上最古老的職業」存在於聖經時代，並不令人意外，但我們在聖經中看到對於這種職業的記載，並不如各譯本所呈顯的那麼常見。譯為「妓女」（harlot）、「娼妓」（whore）和「賣淫者」（prostitute）的希伯來文字根，[12] 通常具有更廣泛的意義：指稱未必涉及性交易的淫亂女人。有一個例子是先知何西阿的妻子歌篾，何西阿在上帝的指示下娶了她。歌篾很淫蕩，但可能不是賣淫者，儘管有「賣淫之妻」（wife of whoredom）這種誤導的譯法。[13] 因此，並非所有聖經譯本中的「妓女」都是職業的性工作者，但有一部分是如此。

根據聖經分散各處的經文記載，我們知道就像在許多文化裡，賣淫者穿著特殊的服裝，[14] 或許也會披上頭紗。[15] 她們提供服務的地方不是在住所（無論是自宅或妓院），[16] 就是在人們聚集之處，像是城門口[17] 及廟宇。[18] 賣淫者可從自身的服務獲得通常譯為「工資」或「酬勞」的「禮物」（另一種委婉詞）。

聖經律法偶爾會提到賣淫。根據前面討論過的〈申命記〉律法，[19] 男性和女性賣淫者的收入不可做為宗教用途，這項規定指出賣淫和儀式潔淨不相容。[20] 我們在另一條律法中看到儀式潔淨的問題，該律法禁止男性仲介女兒賣淫：

> 不可辱沒你的女兒，使她為娼妓，恐怕地上的人專向淫亂，地就滿了大惡。[21]

為何父親要做這種事？大概是為了收入——就像他可以把自己的女兒販賣為奴[22]——且可能急需收入，而不能等她出嫁時收取聘金。雖然這樣的女兒被稱為「遭辱沒的」，但真正的問題在於土地（即「聖地」）的純潔。因此，賣淫本身帶有宗教上的污名。[23]

雖然保羅的書信包含了各種惡行（特別是性方面的惡行）的列表，但那些列表並不包括賣淫。只是其中一份列表的後頭，出現了保羅作品中唯一一次提及的賣淫。這段經文的脈絡是保羅反對一些哥林多基督徒的觀點：由於他們達到較高的神聖狀態，可不受摩西律法規範的束縛，無論這些規範是關於飲食或性道德。保羅同意妥拉的飲食限制不適用於外邦基督徒，但他堅持性道德敗壞是不容許的。他接著說道，與賣淫者發生性關係是不對的，因為眾基督徒共同構成基督的身體，而作為身體的一部分，他們不該因著通姦（像是與賣淫者成為「一體」）來敗壞身體。[24] 他的論點本質上與以色列律法的論點無異：賣淫與上帝子民的神聖特質不相容。

除了律法書，聖經還包括學者所謂的「智慧文學」，其關注焦點為人類處境。〈約伯記〉和〈傳道書〉屬於這種文類，〈箴言〉也是如此，它是以詩體呈現的格言選集，簡潔扼要且通常巧妙地表達一種經驗面向。這些格言是在
153
律法之外認識聖經道德觀的另一扇窗。〈箴言〉主張，男人頻繁嫖妓跟通姦一樣都是不智的，但那是出於實用理由而非宗教原因：「結交娼妓的，傾家蕩產。」[25] 此外，嫖妓很愚蠢，但不像通姦那麼糟。

你能夠用一塊麵包的代價召來娼妓，
但跟有夫之婦通姦要使你喪失一切。[26]

值得注意的是，在此賣淫是較輕的惡行——通姦為死罪，所以是嚴重許多的罪行。而在兩種狀況中，忠告都是給予男性的；對於本身可能在賣淫的女性則沒有類似的警告。

最早出現在聖經記載中的賣淫者是族長猶大的媳婦她瑪，她偽裝成妓女，讓猶大履行給她一個兒子的義務。[27] 猶大以為她瑪是妓女而與她發生性關係，當她後來明顯懷孕，便下令將她燒死——並非基於賣淫而是通姦，因她本該嫁給猶大的第三個兒子示拉。當她瑪揭露是猶大令她懷孕的，猶大承認她沒有做錯事。這段記載認定猶大嫖妓很平常且可接受，而她瑪在大衛、因而在耶穌的家譜中具有尊榮的地位。[28]

聖經記載的下一個賣淫者是喇合。在以色列人出了埃及，並摩西過世後，準備進入迦南地，他們的領袖約書亞派了兩個無名的探子去耶利哥，這座城位在以色列人準備渡過的約旦河的西岸。抵達耶利哥後，兩個探子立即進到名叫喇合的妓女屋裡，在那裡過夜。喇合是聖經記載的第一個職業賣淫者。為何探子要去她的「房子」？因為那是城中可讓外地人不會惹人注意的房舍？他們怎麼知道她是個妓女？她在門前有記號或其他顯示交易服務的標誌？他們是為了常見的理由去她的房子？當耶利哥王詢問喇合關於「進去妳裡面的人」，[29] 似乎是這麼想的。

喇合把他們藏在自己屋頂那堆剛收成的麻稭中。到了夜晚的安全時刻，她從窗戶把他們放下去；根據她與他們的協議條件，當耶利哥的城牆倒塌而其他居民遭屠殺時，喇合與她延伸家庭所有人的性命將可保全。

喇合是自己族人的叛徒，她救了探子，並且她和她的親屬也成為以色列人。如同聖經記載的其他賣淫者，喇合沒有受到譴責——相反地，在聖經及後聖經傳統中，她都被譽為模範信徒。根據後來的猶太傳統，她嫁給約書亞；[30] 根據〈馬太福音〉，她是路得第二任丈夫波阿斯的母親，因而是大衛和耶穌的祖先。[31]

另一個賣淫者是耶弗他的母親。耶弗他在家中的邊緣地位，是因為母親職業的緣故。就像猶大與她瑪的情形，耶弗他的父親基列嫖妓一事如實地被提起，看不出有任何反對之意；而耶弗他無名的母親則未得到進一步的關注，但潛藏在敘事中的是熟悉的主題：手足競爭，以及次要妻子的地位。[32]

〈士師記〉裡的最後一名士師，是無視道德的大力士參孫；就某種意義來說，參孫的故事是他與女人的各種問題的擴大表現——不幸的是，那不僅關乎愛，也關乎人生。有三個女人是參孫的性伴侶。第一個是無名的非利士女人，參孫要求父母為他安排和這個女人的婚事。儘管他父母最初反對，因為她不是以色列人，但這樁婚事最終還是談妥了。在非利士城市亭拿舉辦的婚禮上，參孫和參加喜宴的客人（約三十名男性）打賭，他們無法猜出他的謎語：

食物出自食者；
甜蜜出自強者。[33]

在婚宴上，這則謎語本身具有性的影射：它可以被翻譯成指涉口交。但那不是參孫心中所想的意思：他早先殺了一頭獅子，當他再次經過時，一群野蜂已住在獸屍中產蜜。

由於那些男人無法猜出謎語，便威脅參孫的妻子，於是她運用淚水和糾纏，說服參孫跟她解釋謎語。她告訴非利士同胞答案，讓他們贏了打賭，他們這麼說：

還有什麼比蜂蜜更甜？
還有什麼比獅子更強？

參孫憤怒地用另一節充滿性意味的詩句來反駁：

如果不用我的母牛犁地，
你們絕對猜不出謎底！[34]

雖然他支付賭注，給這三十個男人每人兩件上等的衣服，但他怒氣沖沖地返回父親家中。他的妻子——如常地在這件事上沒有發言權——則給了他的伴郎。

一段時間後，參孫回到亭拿「探望」他的妻子，但她的父親拒絕讓參孫見女兒，因為女兒已嫁給他的伴郎。這位父親反倒把自己較小的女兒許配給參孫：女兒是可互換的商品，就像是拉班和掃羅的女兒。[35] 參孫向非利士人報復，燒光即將收成的農田、葡萄園及果園。非利士人用同樣的方式反擊，燒死他的妻子及其父親，並動身捉拿參孫，但參孫有「耶和華的靈」幫助，輕易地擊敗他們。

參孫沒有從這個事件學到任何教訓，現在沒有妻子的他來到另一個非利士城市迦薩，他在那裡「進入」一個妓女。非利士人又試圖伏擊參孫，而他再次脫身。這個無名的妓女只有短暫出現，她的職業及參孫使用她的服務顯然都是正常的社交活動。

讓參孫陷入麻煩的第三個女人，是惡名昭彰的大利拉。雖然大利拉並未明確地被指認為非利士人，但她與他們關係良好，同意探問參孫力量的秘密，以換取一大筆銀子。或許是和第一任妻子的相處經驗，讓參孫變得比較聰明，他三次給大利拉錯誤的解釋。最後，在數日糾纏下，參孫告訴大利拉：他力量的秘密在於他的長髮，他曾鄭重起誓決不剪髮。於是，大利拉讓參孫睡在她的「膝部」，剃了他的頭髮，並讓非利士人抓住他且弄瞎他的雙眼。

可憐的參孫——一個又一個的女人令他陷入麻煩。這是參孫故事的寓意之一：女人（特別是外邦女人）會帶給他麻煩。最終，參孫當然復仇了，正當非利士人看著參孫娛樂他們時，他推倒他們神明大袞的廟宇，壓在非利士人和自己身上。[36] 這相當於古代的自殺炸彈，預示了在大衛統治初期，以色列人終將戰勝非利士人。

〈列王紀上〉記載所羅門審理一場訴訟（就像國王一般都會親自處理），這是顯示他天賦智慧的具體案例。兩個妓女帶著自己的故事出現在他面前。她們同住一室，而且兩人都剛剛生產完。有一晚，其中一人翻身壓死自己的嬰孩。她抱走另一個女人熟睡中的孩子，並用自己死去的孩子來替換。隔天早上，第二個女人發現了死去的孩子。兩人都聲稱活著的孩子是自己的，而死去的孩子屬於對方，並向國王陳明她們的申訴。為了解決這個案件，所羅門下令將活著的嬰孩劈成兩半，兩個女人各得一半。活著的孩子的母親說，讓孩子活下來且讓給對方比較好；但死去的孩子的母親卻同意國王的計畫。所羅門立刻知道誰是親生母親，並把嬰孩歸給她。[37]

這則故事的中心是所羅門式判決；兩個女人的娼妓身分僅為次要。這段記載暗示她們住在一間小旅館，也許甚至是一所妓院。然而，對於她們的職業沒有絲毫譴責，也沒有任何跡象表明她們不是以色列人。

雖然耶穌通常被認為與娼妓來往，但經文從未說這麼多。耶穌的追隨者中有「稅吏」和「罪人」，耶穌與他們一同用餐，這讓社會中的一些人感到震驚，對他們來說，「稅吏」和「罪人」在社會上無法被接受。[38] 根據〈馬太福音〉，施洗約翰的追隨者中有娼妓，而用耶穌的話來說：比起他那個時代的宗教體制中的成員，娼妓更有機會進入上帝的國。[39]

基督教藝術和文學常將抹大拉的馬利亞描繪成妓女，並沒有新約的根據。人們把她與洗耶穌腳的女人混為一談，但那個女人也只是一般性地被認定為罪人，而不是妓女。[40] 因此，雖然耶穌的隨行者中可能包含妓女（她們可能含括在「罪人」這個名稱下），但福音書從未清楚指明。

新約中唯一的其他妓女是象徵性的：〈啟示錄〉中的「大淫婦巴比倫」。這種象徵手法運用了早期的聖經隱喻——城市被擬人化為女人。特別是在先知書裡，以色列首都耶路撒冷及整個以色列被描繪成上帝不貞和淫亂的配偶，而亞述首都尼尼微和腓尼基港城泰爾被稱為妓女。[41] 見證者在異象中看到「大巴比倫，淫婦之母」，[42]〈啟示錄〉原初的讀者都知道，那不是指早期的巴比倫而是羅馬。

在聖經時代，賣淫是社會現實的一部分。賣淫不被贊同，但不明確是因為它本質上不道德，當然也不是因為它剝削女性。雖然對已婚男性來說，與妓女發生性關係不算是通姦，但〈箴言〉把這事當作是種揮霍浪費來加以勸阻。如果一名祭司娶了妓女，或他的女兒成為妓女，那麼他的神聖性將受到損傷。

大部分身為妓女的女性顯然不受男性的直接掌控。這點可能解釋了猶大、約書亞的探子、耶弗他的父親及參孫嫖妓，卻沒有受到批判的原因：嫖妓不像通姦和強暴，並沒有造成丈夫或父親的損害。聖經中唯一提到關切身為妓女的女性，是禁止父親把女兒當作妓女來剝削。然而，即使妓女和寡婦一樣受到邊緣化，但她們還是可以有英勇的表現，就像她瑪和喇合的作為，她們是典型具有善良之心的妓女。可是，賣淫的負面意涵支配了聖經的傳統，尤其是把以色列——耶和華的不貞之妻——隱喻為妓女。

第六章

上帝的胯下之火

神話和隱喻中的上帝之妻

來自敘利亞北部的滾筒印章（約公元前1750-1650）的印記。暴風之神站在兩座風格化的山上，正要向著一名女神前進，這名女神站在一隻公牛上，並揭開自己的斗篷，顯示她準備好要與自己的神明伴侶（左側的暴風之神）交合。

（Deities on North Syrian Seal. © Foundation BIBLE+ORIENT, Freiburg, Switzerland.）

163 祭司以西結是公元前六世紀，從耶路撒冷遷居巴比倫的流亡者之一。他在那裡（「巴比倫的河邊」）接受呼召：也要成為一名先知。以西結以夏卡爾（Chagall）般的手法，描繪那開啟他先知生涯的經歷，聲稱看見「上帝的異象」。[1]這個異象始於發射火焰的巨大暴風雲，就像上帝顯現時經常採用的方式。有四個奇妙的活物在火焰的中間；稍後先知將告訴我們，這些是上帝寶座的護衛者基路伯。[2]每個活物都有一個輪子，輪子的邊緣鑲有眼睛：這些就是超過兩個世紀之前，將先知以利亞接去天上的「烈火戰車」的輪子。[3]這些活物承托著水晶圓頂，其上有一個像是藍寶石的寶座，而坐在寶座上的那位具有人的樣式。

> 164 接著我看見他的胯部以上有琥珀色的東西，周圍都是火，而他的胯部以下，我看到如火之物。[4]

先知在他的異象記述中堆疊了遍布其中的各種描述及迂迴表達，他以解釋自己的所見來總結：「這就像是耶和華榮耀的顯現。」[5]

這則異象有一種奇異的特質，或許是為了傳達上帝臨在根本上是無法描述的。但為何要提到胯部？一般而言，胯部是男女都有的身體部位，介乎腰和大腿之間。當準備戰鬥或逃走時，男人會「束縛其胯部」——拉起他的衣服來，繫綁在大腿上，好讓他的腿能更活動自如。由於胯部所在的身體結構位置，暴露該部位是可恥的。胯部也和生殖有關：當女人在分娩時，她的胯部會顫動。有人建議猶大國王羅波安，以粗鄙的雙關語來誇耀自己比前任國王所羅門更加優越：「我的小傢伙比我父親的胯部還要粗呢！」[6] 在以西結的異象中，耶和華顯然有胯部。這是否意味著祂是一種性的存有（sexual being）？

過去有許多學者聲稱祂不是。以下兩則聲明總結了這種主流觀點：

- 「聖經中的神聖上帝超越了性慾（這點在耶和華信仰與迦南宗教交會時變得清晰）。」[7]
- 「上帝沒有性別，上帝沒有模塑性慾特質（sexuality）。」[8]

但這種觀點源自學者對上帝的假設，而不是根據聖經及其他證據所顯示的。

神話和隱喻

所有關於神性的表達都是隱喻，即是以熟悉的用語來解釋一種不可言喻的事實。在聖經中，上帝是君王、牧人、勇士——所有人類經驗和社會的元素都投射到神明身上。同樣地，至少在隱喻上，上帝有各種身體部位：眼睛、耳朵、心、鼻子、手臂、腳，甚至是臀部（屁股）。[9] 此外，儘管許多人聲稱以色列的上帝並非性的存有，但仍有跡象顯示祂也有生殖器官，如同以西結的異象所呈現的。

這幾乎不令人感到驚訝。在神話中——我簡要地將神話定義為關於神性的各種隱喻的精心闡述——通常在敘事和藝術裡，古代世界的其他神明和女神都是性活躍的。我們已經一瞥迦南神明埃爾（El）著名的「手」。以下是另一個來自迦南神話的例子，描述暴風之神巴力（Baal）的性耐力。

他愛上沙漠草場的小母牛，
死亡岸邊牧場的年幼母牛：
他和她同床七十七次，
他騎在她身上八十八次；

而她懷孕了，
且她為他生下一子。

埃及和美索不達米亞的各種文本同樣毫不隱晦。在一則埃及神話中，起初子然一身的造物神亞圖（Atum）手淫，由他的精液產生了空氣之神修（Shu）和水氣女神特夫努特（Tefnut）。一則蘇美神話則敘述，神明恩利爾（Enlil）如何強暴年輕的女神寧利爾（Ninlil），而他的精子和她的血混合生出了底格里斯河（Tigris River）。許多其他的例子，可見於古代近東和古典世界。當然，聖經的作者們沒有保存關於耶和華的這類神話，但在聖經和非聖經的資料來源中，我們都看到有關祂的性關係和生殖活動的記載。

神話中的耶和華眾妻

讓我們從非聖經的資料來源起步。對於古代以色列人和早期基督徒的信仰，聖經提供的敘述並不完整；重要的補充資訊皆來自各種非聖經文本及考古發現。一九七〇年代中期，考古學家在西奈半島北部名為昆提勒阿吉魯（Kuntillet

Ajrud）的偏僻遺址，挖掘出一個商旅客棧和堡壘（也是一種聖地）的遺跡。這個遺址的年代被斷定為公元前八世紀初期，一些從該處出土的物品為宗教供品，就如有些物品上頭的銘文所顯示：

〔願〕提幔的耶和華〔為了祂的緣故〕讓事情盡都順利。歸於押拿之子俄巴底亞，願他得到耶和華的祝福。

耶和華的崇拜者在沙漠深處，以各種標準公式來祈求祂的祝福。但其他更引人注目的獻詞也被發現。

我藉著提幔的耶和華與祂的亞舍拉祝福你。
我藉著撒瑪利亞的耶和華與祂的亞舍拉祝福你。

除了與耶和華有關聯的地方不同，最後這兩句的用詞都一樣。提幔是耶和華古老家園的名稱之一，位於阿拉伯的北部，可能是在西奈山的位置——耶和華在那裡首次在焚燒的荊棘中向摩西揭示自己的名字，並由此開始帶領祂的百姓前往應許之地。[10] 撒瑪利亞從公元前九世紀初到八世紀末，是北國以色列的首都。耶和華在這兩個地方都受到崇拜，這兩個地名都成了祂稱號的一部分，很像羅馬天主教傳統中，耶穌的母親馬利亞被稱為露德聖母（Our Lady of Lourdes）、法蒂瑪聖母（Our lady of Fatima）及瓜達盧佩聖母（Our Lady of Guadalupe）。

「耶和華與祂的亞舍拉」這個用語，多次出現在昆提勒阿吉魯和另一個古代以色列遺址出土的文本中。各位學者對於該用語的意思有不同看法。亞舍拉（Asherah）是一名女

昆提勒阿吉魯出土的陶罐碎片上的塗鴉畫。
（Kuntillet Ajrud. Zev Radovan/www.BibleLandPictures.com）

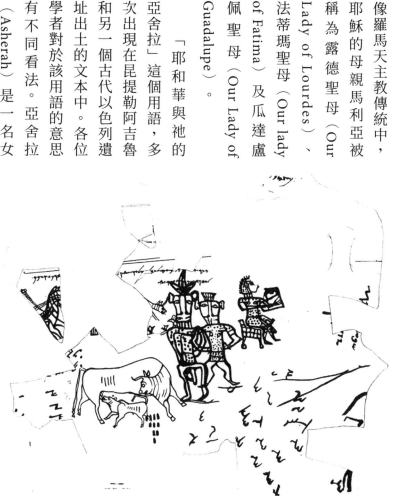

神，祂是主宰之神的主要妻子，對亞舍拉的崇拜遍及黎凡特（Levant）(1)，包括古代以色列。[11] 希伯來文的 *asherah* 也可指木柱，是這名女神的風格化象徵，可能代表了生命之樹。因此，「耶和華與祂的亞舍拉」這個用語，既可指「耶和華與祂的木柱」，也可指「耶和華與祂的亞舍拉」（也就是耶和華與祂的神妻）。根據大多數聖經作者的觀點，兩種解釋都是異端。

「耶和華與祂的亞舍拉」這個用語，出現在一個原本有數呎高的大陶罐的碎片上。這個罐子上面有許多塗鴉，來自幾個人在不同時期的手筆，就如由「對頁」（指上圖塗鴉）呈現的接合碎片所共構的圖畫所示。右邊是一個坐著的人物在彈奏弦樂器；她是一名女性，就像她的服飾、頭髮及粗略風格化的胸部所呈現。但她背向位在中間的人物，所以她可能與他們無關，也和左下方那幅埃及化的牛犢吃奶圖像一樣。

圖中中央靠左的人物是一名男性神明；頭飾為古代近東圖像中神明的典型特徵。他也有牛的特徵，包括耳朵以及兩腿間、陰莖旁的尾巴。右側稍微小一點的人物是名女性——她的胸部和坐在椅子上的那名女性的胸部很類似。[12] 因此，這是一對神明夫妻。但他們是誰？他們上方有一段古希伯來文的銘文，其中一部分這樣寫著：「我藉著撒瑪利亞的耶和華與祂的亞舍拉祝福你。」雖然這段文字可能只是另一個塗鴉，但文字的位置在神明夫妻的上方，顯示那是說明文字。這麼一來，我們得到的便是一個雙重違禁的工藝品。它違反了為耶和華造像的禁令，給了我們一個（並不討好的）祂的圖像，並且呈現出祂手挽著祂的神妻——女神亞舍拉。因此，這則塗鴉及附加的說明文字，解開了「耶和華與祂的亞舍拉」這個用語的意思：意指這對神明夫妻。

其他來自古代以色列的考古證據，包括差不多有上百個生殖雕像（刻畫一名裸體女神，而年代顯示

(1) 譯註：即地中海東部的國家和島嶼。

猶太生殖雕像。
(Pillar Figurines. David Harris.)

為公元前五百年）：超過一半的雕像來自耶路撒冷本身。這些資料補充了聖經文本。

古以色列的多神信仰

「獨一上帝」這種觀點，在古代以色列發展得相對較晚。我們發現一神信仰首度絕對的宣告，乃記載於公元前六世紀後半葉寫成的〈以賽亞書〉某部分中。[13] 在那之前，據推測有其他的神明存在，儘管以色列人應該僅僅崇拜一位神——他們的耶和華。但他們當然並非如此：他們崇拜其他的神明和女神，都詳加記載在聖經的篇章中。第二誡——「我以外，不可敬拜別的神明」[14]——禁止這種崇拜（意味著該崇拜必定很普遍），如同聖經別處對於多神信仰的再三描述與譴責。以色列人最初來到迦南地之前，已在美索不達米亞崇拜其他的神明；他們在埃及返回迦南地之前，也是如此。[15] 當以色列人在約書亞的領導下占領迦南地後，仍持續這樣，就像〈士師記〉開頭一段概述明確地指出來：

後來，以色列人民得罪上主，開始拜巴力。他們離棄了領他們出埃及

> 的上主——他們祖先的上帝，去拜別的神，就是他們周圍各國的人所拜的神明，激怒了上主。他們離棄上主，去拜巴力和亞斯她錄。[16]

因此，以色列的宗教比記載在第二誡裡的狹隘理想更為多樣。許多聖經作者曾頻繁使用多神信仰的概念，將耶和華描繪成萬神殿的首領，眾神向祂獻策且頌讚祂的成就。如同美索不達米亞和希臘的宗教，這個萬神殿在至高神的管轄之下，以一種神明議會或大會的形式運作。「上帝主持天庭的聚會，」詩人這麼說：「在諸神的會議中行判斷。」[17] 即使耶和華本身都不是一神論者——在百姓出埃及前，祂要施行第十災時揚言：「我要懲罰所有埃及的神明。」[18]

以色列的眾神之一是亞舍拉。她在耶路撒冷的聖殿中受人崇拜，她的雕像穿著的衣服，為在聖殿區工作的女性所編織。[19] 亞舍拉——也可能是另一名女神——是「天后」，〈耶利米書〉詳細描述了天后崇拜。場景是在公元前五八六年耶路撒冷毀滅後，移居埃及的猶大難民之中。

> 那時，有一大群知道自己的妻子向別的神明燒過香的丈夫們，和站在那裡的婦女，包括住在埃及南部的以色列人，回答我：「我們不聽你奉上主的名對我們說的話。我們一定要照我們所許的願做。從前，我

> 們和我們的祖先，我們的君王和官員，在猶大各城鎮和耶路撒冷大街小巷向我們的女神天后燒香獻酒；現在我們要照樣做。那時，我們吃得飽，非常享福，無災無禍。但是，自從我們停止向天后燒香獻酒，我們就樣樣缺乏，我們的同胞不是戰死就是餓死。」那些婦女又說：「我們的丈夫同意我們把餅烤成天后的形像，向她燒香獻酒。」[20]

他們論點的邏輯是：當他們以包括描繪女神本身（可能是裸體）的餅等供品來崇拜天后時，他們很昌盛。但當他們遵從耶利米的教導而停止這樣做時，卻是災難襲來。所以他們現在要恢復這種女神崇拜，以改善他們的景況。

在耶路撒冷且遍及這地，這名女神（天后）與耶和華（天王）是一對的。因此，非聖經及聖經的資料來源都證實了以色列的女神崇拜，這名女神與全民族之神配成一對，如同近東其他地方的情形。

學者有時把「民間宗教」一詞當作便利的標籤，用來指稱非官方的崇拜形式。但這個詞彙錯誤地暗示，百姓只有在自己的家中、村落及城鎮，偏離了大家設想為實行於耶路撒冷的純正耶和華信仰。然而，如同埃及及流亡者的回應所示，實情並非如此：君王和官員也參與天后崇拜的程度，不下於一般男女，既發生在耶路撒冷，也在偏遠鄉鎮。根據記載，推動改革的君王偶爾會潔淨奉行這種崇拜形式的聖殿及土地，此舉通常受著先知（如耶利米）的影響。最終，那種改革觀點變成主流，並且形塑了猶太教及其衍生的基督教和伊斯蘭教的嚴格一神信仰。

然而，在古代以色列史的大部分時間裡，這種嚴格的一神信仰並非常規。對於其他神明和女神的崇拜一再得到證實，多神信仰滲透在聖經的語言中。我們在〈創世記〉第一章有關創造人類的記述也看到一個例子。先前的每次創造，

來自古代烏加里特（Ugarit）的金製護身符（約為公元前十三世紀）。裸體的迦南女神站在獅子上，雙手上各有一隻野山羊，腰部後面有交纏的蛇。背景是風格化的星空，讓人想到「天后」崇拜。
（Canaanite Goddess. Réunion des Musées Nationaux/Art Resource, NY.)

都是以「要有」之類的陳述方式來開頭，但這一次，為了標誌這個時刻的重要性，上帝對祂的眾神（祂的神明議會）說：「我們要照著自己的形像、自己的樣式造人。」敘事者接著說：

> 於是上帝〔伊羅興（elohim）〕照著祂的形像創造人類，
> 祂照著伊羅興的形像創造他們。
> 祂造了他們，有男有女。[21]

這裡的通則是，人類是仿照上帝所模造的，和遺傳基因差不多——就像〈創世記〉稍後所述：「亞當照著自己的樣式、自己的形像生了〔一個兒子〕。」[22]但那種抽象的認識很快就變得具體：人類是仿照伊羅興所造，特別是根據祂們的性別差異。希伯來文的 *elohim* 為複數形式（就像基路伯〔cherubim〕和撒拉弗〔seraphim〕），並且在聖經中的使用通常具有複數意思——「眾神」（gods），就像這條誡命：「你不可有別的神（gods）。」基於各種無法完全理解的原因，這個字也有上千次的使用具有單數意思——「上帝」（God）。在前面引文的第一行中，單數意思很明確，因為動詞和代名詞都是單數，但第二行則是模稜兩可。傳統的翻譯是「祂照著上帝的形像創造他們」。這樣翻譯不能完全說得通，因為最後一行說「有男有女」，而且在聖經中上帝並非兼具男女特性（androgynous）而是男性。

另一選擇是以複數意思來理解第二行的伊羅興：人類依照眾神的形像而有男有女——由於眾神有男性和女性，所以人類也是如此。問題是以哪位男性神明和女性神明為模樣？雖然整體眾神都有可能，但神明夫妻（耶和華及其女神配偶）的可能性較高。

耶和華的眾子

根據基督教的信條，耶穌是「天父的獨生子」。但耶穌真的是他的天父的唯一孩子嗎？不：眾神包括了其他的「上帝之眾子」，聖經曾六次提到此事。[23] 由於這種說法具有明確的多神信仰，自古以來許多譯者將這些神子降格為天使，或有點模糊的「天上的存有」（heavenly beings）。但有一段經文，當中的多神信仰無法這麼輕易淡化：

177

> 當人類開始在地上繁衍，並且生養女兒時，上帝的眾子看見人類的女

兒那麼美麗，就隨意挑選為妻。因此，耶和華說：「由於人類是屬肉體的，我的氣息就不永遠住在他們裡面；他們的壽命只到一百二十歲。」那時及後，地上有巨人（Nephilim），他們是上帝的眾子和人類的女兒交合生下的後代。這些都是古代的勇士和名人。[24]

這個片段必定是更大的神話故事的一部分，就像在古代世界的其他地方，這則神話回憶很久以前，神明與人類所生的後代如何成為一代英雄。聖經作者保存了這則神話，因為種種起源故事傳統上會包括一個時期——當眾神與人類發生交合，並且生出超乎常人的孩子。這種神話故事毫不隱晦，有些翻譯以「上帝眾子」（sons of God）或「眾神之子」（sons of gods）這樣的說法來予以承認；其他的翻譯則以「神聖的存有」（divine beings）或「天之眾子」（sons of heaven）來淡化這種神話（如同這種說法在別處出現時的情況）。[25]

聖經作者用以撩撥我們思緒的這些上帝眾子究竟是誰？他們是天王與天后的孩子，因而是這對神明夫妻所管轄的眾神成員。

這些關於耶和華、祂的妻子及其神子的記載——就像彌爾頓（John Milton）在《失樂園》（*Paradise Lost*）的開頭召喚繆思女神，只是文學的慣常手法？或者，這些記載是古代思維的殘留物——就像我們所說的日出日落，儘管數百年來我們已知地球不是宇宙或甚至太陽系的中心？我會主張兩者皆非。關於神明夫妻及其孩子的語文表達，其實源自古代以色列自身活生生的宗教傳統，我們有聖經的相關證明資料——聖經的論辯及誡命。關於這種傳統，我們也有來自非聖經文本及工藝品的證據，儘管由於保存及發現難以掌握，這些證據只能零星地證明。然而，累積的證據是連續且不容否認的：耶和華被設想為一種性的存有（sexual being）。

智慧女神

聖經有幾處段落描述智慧（Wisdom）的身影，我們從中看到了這種活生生傳統的進一步證據。在〈箴言〉中，智慧抒情地敘述她最古老的出身起源：

在上主造化之先，
在亙古，就有了我。
在太初，大地成形之前，

179

我就被立。
在海洋尚未出現，
在有浩瀚的水源之前，我就出生。
在大山沒有被造，
小山還沒有立足，我已經存在。
那時，上帝還沒有造大地和田野，
連一小撮塵土也還沒有。
他還沒有安設天空，
還沒有在海面上劃地平線，我已經在那裡。
上帝在天空佈置雲彩，
在海洋開放水源，
為海水定界限，
不使它越出範圍；
在他為大地奠定根基的時候，
我已經在那裡。
我在他旁邊像一個工匠。
我是他每日的喜樂，

常常在他面前製造歡笑，
在居住的世界製造歡笑，
並且我的喜樂與人類同在。[26]

「製造歡笑」一詞具有性的弦外之音，這種解釋可由其他將智慧當成上帝性伴侶的描述得到證實。我們讀到她「與上帝同在」（這詞意味著同居），並且「萬有的上主愛她」。[27] 第一世紀的猶太哲學家斐羅（Philo）清楚表達：「上帝是智慧的丈夫。」[28] 而且怪不得：「智慧比日頭更美麗，勝過天上的星宿。」[29] 智慧身為上帝的妻子，是祂神明議會的成員，並且就像其他神明一樣，她為自己建造了房屋——一座廟宇。[30] 此外，如同她的自傳詩所述，她是參與上帝創造的夥伴。

以這種方式來描述智慧的聖經文本與非聖經文本，在聖經傳統形成的歷史上，寫於相對較晚的時期，並且這些文本屬於文學而非直白的神話。但在我來看，這些文本不只是一種形而上的巧妙比喻——僅是將近似神的地位的抽象特質（如「正義」或「自由」）擬人化為「智慧」。相反地，這些文本的作者運用了我概略描述過的古代以色列的活潑傳統。這些作者除去智慧的神話色彩，並將她視為「至高上帝的約書，摩西頒布的律法」，[31] 以此大膽挪用多神信仰的神話——那是正統派會迅速拒斥的挪用。但這種去神話、避開多神信仰的需要，也顯示出「耶和華有一位妻子」的信念是多麼普遍。

隨著時間的推移，加上一神信仰成為常規，神明夫妻的神話受到重新解釋、淡化，甚至抑制，儘管這種神話在過去和現在都存在於猶太教與基督教中。基督教對於耶穌身世的說法是一個例子：上帝之子，由處女所生。在基督教生根的希臘化世界裡，眾神與人類生下孩子的神話很普遍。化身為天鵝的宙斯（Zeus）與麗妲（Leda）交合，生下特洛伊的海倫（Helen of Troy）——葉慈（William Butler Yeats）抒情地重述：

> 腰際一陣戰慄於焉產生
> 是毀頹的城牆，塔樓熾烈焚燒
> 而阿加梅儂死矣。(2)

181 根據基督教傳統，處女馬利亞因「至高上帝的權能」而懷孕，[32] 生下上帝的兒子——對第一世紀地中海世界的男女來說，這種神話式語言似乎不算異常。此外，在基督教傳統中，馬利亞被適切地賦予「天后」的頭銜，因為她具有超凡的神妻及母后的身分地位。特別是在地中海區域的基督教，聚焦於父性上帝的父權宗教裡，她也彌補了失落的女性元素。

隱喻中的耶和華眾妻

聖經作者通常用盟約來描述耶和華與以色列人的關係。「盟約」是本意為契約的法律用詞，該詞在聖經中被用來指稱日常生活裡的幾類契約。當聖經作者把耶和華及其子民以色列人的結盟稱為盟約，他們心目中正是這樣的契約。相似的法律類比是這種條約：較弱的國王得絕對效忠宗主國或皇帝，且不得與其他的統治者締約。同樣地，以色列與耶和華的關係是獨占的：「我以外，不可敬拜別的神明。」「盟約」一詞在聖經中也用在婚姻上，[33]並藉這種類比指出以色列是耶和華之妻，必須對祂絕對信守婚姻的忠誠。把婚姻當作一種隱喻來描繪耶和華與以色列的關係，給「耶和華有妻子」的觀點提供多一重的證據。

耶和華與以色列的隱喻式婚姻故事是一則愛情故事，在〈何西阿書〉、〈耶

(2) 譯註：出自葉慈詩作〈麗妲與天鵝〉(Leda and the Swan)，楊牧譯。

利米書〉及〈以西結書〉中有充分闡述。這個故事包括了訂婚儀式，耶和華在當中這麼承諾：

我必聘你永遠歸我為妻，
以仁義、公平、慈愛、憐憫聘你歸我；
也以誠實聘你歸我，
你就必認識我耶和華。[34]

訂婚之後便舉行婚禮，新郎耶和華因新娘以色列歡欣喜悅。[35] 很自然地接下來便是蜜月：出埃及之後，耶和華的愛妻以色列便在曠野追隨祂。[36]

但這齣愛情故事後來變成悲劇。以色列是個不忠、淫亂的妻子（崇拜其他神明），而耶和華以其性格回應：就像十誡和相關經文提醒我們的，祂是一位「妒忌的神」；[37] 在此祂是一名妒忌、憤怒，甚至施虐的丈夫。多位先知聚焦在這種狂暴的後續上，最初是何西阿宣告，以色列必須停止她的淫亂，否則耶和華將「在她情郎們面前剝光她的衣服」。[38] 耶利米擴充這個主題，將以色列的性慾和發情動物的性慾相比；耶和華將擊殺她的孩子，且暴露她的生殖器，作為報復。[39]〈以西結書〉十六章和二十三章，提供了這個愛情故事及接續的悲劇最完整的闡釋。這些章節是幾則相互關聯且擴大延伸的寓言，描述了耶和華的婚姻史——先是和耶路撒冷（南國猶大的首都），接著是同時和撒馬利亞（北國以色列的首都）及耶路撒冷。這兩章也包含了一些聖經中最怵目驚心且露骨的性用語，拘謹的譯者通常會淡化這種用語。

在〈以西結書〉十六章（第一則寓言），耶和華縷述祂如何偶遇還是女嬰的以色列，那時她被遺棄在曠野等死。（古代以色列顯然有遺棄女嬰的行徑，就像其他許多文化一樣。）耶和華救了她，儘管祂的照料不夠完全：「我從妳旁邊經過，見妳在自己的血中打滾，而我說『活下去吧，像野生植物一樣成長』。」祂接著說：「妳長大了，且生出最可愛的裝飾品：妳的乳房發育，〔陰部〕毛髮變長，但妳仍然赤身露體。」一段時間後，祂又說道：「當我經過時，看到妳已長大到足以做愛，所以我用自己的披風蓋住妳，遮蔽你的裸體。」如同波阿斯為路得所做的事。接著耶和華與她締結莊嚴的婚姻盟約。

這位神明丈夫善待祂的妻子，給她精緻的衣服、美麗的珠寶及最好的食物，她以自己的美貌聞名。這對夫妻也共同擁有孩子。[40] 但她後來變得淫亂，甚至把自己的金銀珠寶拿來熔化，做成陽具造型的性玩具。耶和華說：「妳為所有的過路人打開自己的雙腿」，包括埃及人，他們的「肉體」巨大，而「妳的肉汁傾瀉」。但她不是收取性服務費的普通妓女——而是一個性愛成癮的女人，付錢給自己的情人。

〈以西結書〉二十三章記載的第二則寓言，運用類似的聳動、甚至色情的語言，只是這次耶和華述說了兩名妻子的故事——就算對神明來說，一夫一妻制仍非規定的——撒馬利亞和耶路撒冷在象徵上（如果不夠明確的話）名為阿荷拉與阿荷利巴。如同十六章的記載，主要的焦點是耶路撒冷，且再次詳細而明確地描述她如何淫亂。她裸露下體並向許多人行淫，包括埃及人——當他們擠捏她的乳房，撫摸她的乳頭時，他們的「肉體」有如驢子的器官，他們的射精就像種馬的表現。

既然這是寓言，因而是政治寓言。耶和華的百姓——有義務對祂絕對忠誠，就像封臣忠於領主，妻子忠於自己的丈夫——崇拜其他的神明並與外邦結盟。由於違反了與耶和華的盟約且不信任祂的保護，他們必須受罰。以西結寫作時為公元前六世紀初的動盪日子，他預料耶路撒冷將無可避免地被巴比倫人及其同盟毀滅，並將此解釋為耶和華施行的應得懲罰。在這則寓言中，不忠的妻子們受到神明丈夫的嚴厲懲罰。

我要召集你從前的情郎……在他們面前把你剝光，讓他們看見你全身赤裸……他們要拆毀你拜偶像、行淫的場所，奪走你的衣服和首飾，使你赤裸裸一絲不掛。他們要煽動群眾拿石頭打你，用劍剁碎你。……我要使你不再作妓女，不再倒貼情郎。這樣，我的怒火才會消失，心平氣和，不再發怒，不再嫉妒。[41]

當耶和華的暴怒平息，將原諒祂任性的妻子：「我要堅定與你所立的約，你就知道我是耶和華。」[42] 在〈耶利米書〉中也可看到復和的主題，耶和華承諾祂不永久發怒；[43] 耶和華在〈何西阿書〉中這麼說：

我要帶她到曠野，
安慰她，贏回她的心。
……
她要回應我的愛，
像她年輕、逃離埃及時一樣。[44]

〈以西結書〉最後幾章對於復和有更詳細的闡釋，先知談到上帝的慈愛將使耶路撒冷恢復昔日的榮華。新約重申了這種說法：「新耶路撒冷……像打扮好了的新娘來迎接她的丈夫。」[45]

「耶和華與以色列的盟約關係有如婚姻」這種隱喻，特別是〈以西結書〉寓言的詳盡闡述，讓我們認識耶和華的神話描述：祂擁有一名或多名女神妻子。耶和華是性的存有（sexual being）嗎？在聖經作者的想像中顯然是如此，在更廣泛的古代以色列及後來的猶太教與基督教的神話和隱喻中也是如此。主張「上帝是無性別的」，不單帶有偏見，也言過其實。

隱喻的問題

聖經律法及倫理的基本原理是仿效上帝：遵守安息日是仿照上帝的歇息；對待寄居的外僑和奴隸，要像上帝那樣對待曾在埃及身為異鄉人和奴隸的以色列人；〈利未記〉不斷要求以色列人要聖潔，因為上帝是聖潔的，就像耶穌基於同樣的理由要求憐憫。相同的原理也適用於身為丈夫的上帝。懲罰上帝不忠的妻子，不只是隱喻，更是先例與警示：「好警告所有的婦女不可模仿她們的淫蕩。」[46] 否則她們也會被自己的丈夫懲罰，就像上帝懲罰以色列那樣。言外之意是，丈夫能夠且應該仿效上帝，而妻子應當從寓言吸取教訓。

但這是一種什麼樣的模範？先知呈現給我們的是胯下有火的上帝，祂是瘋狂嫉妒與施虐的丈夫，強制妻子受人輪暴與殺害，如同利未人的妾在基比亞的遭遇。然而，與利未人的妾不同的是，上帝的眾妻子沒有得到絲毫的同情。當我們考量上帝的性慾特質（sexuality），便再次面臨文化差異的問題，這種問題使解釋聖經如此困難。就像威姆斯（Renita Weems）所言，聖經作者的世界是這樣的：

> 在那個世界，〔女性的〕強暴與身體傷害，是男性正常、合法且傳統的手段，用來伸張他們有掌控女性的權力。在那個世界，丈夫有權對妻子為所欲為；其中，丈夫原諒妻子通姦，妻子原諒丈夫施暴，而雙方也永遠幸福地生活下去。[47]

聖經作者、以至整體聖經的觀點是父權的——有時甚至像〈以西結書〉中那麼可怖。聖經作者幾乎都是男性，而像〈以西結書〉十六章和二十三章這樣的章節，迎合了一群好色、有偷窺癖的男性讀者：寓言中耶和華的裸體妻子，正正被這群讀者注視著。

當然，將耶和華描述為以色列的丈夫是種隱喻——但所有關於上帝的描述都是如此；事實上，所有神學都是隱喻。我認為，如果我們只是以隱喻解釋聖經描述上帝的性慾特質，難道我們不該這麼看待其他神明的神話式描述嗎？反過來說，如果我們把非聖經的材料來源稱為神話，難道我們也不該這麼看待聖經嗎？

188

無論如何，不管是隱喻或神話，聖經將耶和華描述為瘋狂嫉妒與施虐的丈夫，是有問題的。一名信徒或一個信仰群體——視聖經為權威的——能否不假思索地摒棄這些章節？是不是只有某些聖經部分才具有權威性？若是如此，有什麼標準可供信徒與信仰群體用來決定哪些才是？過去數百年來，這些問題不停提問，時至今日，這些問題顯得特別緊要——現今支持各種「家庭價值」的人常以互相矛盾的方式援用聖經。在解決這些問題之前，我們必須先依據聖經自身來閱讀——聖經對它原初的作者和對象來說有什麼意義。這也意指要閱讀整本聖經，包括宏偉、複雜及殘酷的所有部分，而不是獨厚那些說出我們認為聖經應該說、或我們希望聖經怎麼說的部分。我們不該只是把聖經當作斷章取義文本（proof texts）的合集，從中挑選出經文來支持各種先入為主的結論。

結論

聖經是遙遠過去的人工產物，以各種方式形塑了我們的文化，而且未來無論好壞都會持續下去。過去（那個異邦）不再是我們的家鄉，然而我們與過去仍有許多連繫。聖經形塑了猶太教與基督教的信仰及實踐，也啟發了作家、畫家、音樂家及其他有創意的藝術家，並且深刻地影響了西方的哲學、法律及政治。對某些現代讀者來說，聖經就像是金字塔或萬神殿那樣的人工產物，依然矗立在我們面前，它的文化重要性不可否認。對這種讀者來說，聖經的價值觀是另一個時代的價值觀：特別是聖經裡的父權體制，並非人類行為的模範。

對於身為信徒的讀者來說，聖經仍被視為權威的指南。然而，即使擁護聖經本身，今日的信仰個人與群體就像自古以來的情況，必定是有選擇性的——不只是採用，還會調整、修改，甚至摒棄某些聖經教導。這種選擇性提出了有關聖經權威的重大問題。有可能主張聖經具有權威，卻同時忽略它的許多明確命令嗎？如果聖經是一部歷史條件下各種文本的合集，那麼這些文本該如何適用於後來的情境？對於環境、基因工程及墮胎等當代社會議題，聖經很少談及或根本沒說什麼。對於像是女性地位及同性戀等其他議題，聖經所說的讓許多人無法接受。而且很少有人會把聖經的所有宣告，都視為絕對的且一定要遵守。聖經本身的雜亂細節——特別是它裡頭的各種矛盾——以及後來的聖經詮釋史，還有歷代的猶太教徒與基督徒如何同時使用聖經及忽視聖經，這些問題都有賴我們更細緻地考量聖經，而不只是把聖經當作上帝原本的話語。

聖經是美國社會的一份奠基文本（foundational text），另一份則是美國憲法：它也是歷史條件下的文本，反映了其作者群（憲法起草者）的價值觀與認知。幾乎從一開始，這部憲法就被認為不夠適切——因此憲法本身獲得批准後不久，便出現了始於權利法案（Bill of Rights）的二十七項修正案。然而，不像憲法那樣，聖經無法修訂：一旦聖經的內容在公元最初幾個世紀確定後，它就成了永恆不變。[1] 此外，也跟憲法不一樣的是，聖經並非寫於一個特定的時刻，而是歷經了數百年。然而，在聖經形成的漫長過程中，聖經在實效上經常自我修訂，並且持續被那些把它當作權威的群體默默修訂。

詮釋憲法如同詮釋聖經，也涉及歷史批判的學術研究。憲法文字的本意是什麼？憲法起草者的意思是什麼？那些原初的意義如何適用（或不適用）於美國共和不斷變動的情況？然而，一份奠基文本在完成時的意思是什麼，並非唯一需要回答的問題：我們也必須確認這樣的一份文本，在當今的意思是什麼。要這麼做，便需要弄清楚構成該文本基礎的各種理想。

法官布雷耶（Stephen Breyer）在《積極的自由：詮釋我們的民主憲法》（*Active Liberty: Interpreting Our Democratic Constitution*），[2] 闡述了這種憲法理論。對布雷耶來說，構成憲法實際文字基礎的原則是民主自治——就是他所謂「積極的自由……在其人民間共享國家主權獨立的權威」。[3] 那項原則（那種價值）就根本而言，比實際文字或憲法起草者的意圖更加重要。所以布雷耶主張，法官在詮釋憲法時，應該「依據憲法對於積極自由的實際關切，那本身是一種實際進程……當法院依據憲法不朽的價值觀來檢視新的法律時，憲法便賦予法院『實際上』運作的權力」。[4] 因此，法官不應該「過度依賴文本和文本輔助來解釋法令」，[5] 而應該根據布雷耶所謂的憲法「架構」，這個架構「向每個個人保證，法律將以相同的尊重來對待他或她」。[6] 那項原則使得憲法修正案廢除了奴隸制度，並賦予女性投票權，而這些是憲法起草者原本明確反對的立場。

對聖經和憲法來說，社會變革往往都先於對奠基文本的重新詮釋。文本本身不是變革的主要催化劑，不過一旦變革開展了，文本便會被援用（或者像憲法的情況，甚至是被修正）來支持變革。然而，也有朝另一個方向的悖反進展。社會改革者與政治思想家基於自身對聖經教導或憲法原則（或兼具兩者）的理解，達成了後來成為主流的立場。換句話說，奠基文本很弔詭地可充當變革的催化劑。

因此，如同考克斯（Archibald Cox）所主張，一個社群及其奠基文本之間，有著動態而非靜態的關係。[7] 文本形塑了社群——它的信念、價值觀及實踐。然而，隨著社會變遷，奠基文本本身和詮釋的先例都不是機械式地具有約束力。透過擴充、修改、詮釋、重新詮釋、調整、挑選、甚至是選擇性摒棄等過程，社群也以一種非常真實的方式來形塑文本。或許除了在抽象層次上，文本並非具有本質上的權威：文本乃從社群獲得它的權威。而那個社群——或者聖經的情況是，那些社群——具有一種持續且相互影響的歷史，可累積地將權威同時賦予文本及其變遷過程。

讓我們思考一個可做為例證的特別議題，該議題來自另一個時代的文化戰爭：奴隸制度的問題。聖經的各個部分反映了不同作者的各種觀點，而對所有作者（從早先的以色列人到最晚期的新約作者）來說，奴隸制度是上帝命定且不容置疑的。然而，聖經的故事以及鑲嵌其中的律法，也暗示了一種另類、甚至顛覆的觀點。影響早期以色列的重大經驗是，脫離在埃及的奴役。這段經驗在十誡的開頭重提起來：「我是耶和華——你的上帝，我曾經領你從被奴役之地埃及出來。」[8] 因此，出埃及經驗隱晦地成為了遵守誡命的動機——「這是我曾為你們做的事，現在我要你們為我做以下的事。」——並且通常會在接續的律法中重提：「不可虐待或欺壓外僑；要記得你們曾經在埃及寄居過。」[9] 反覆發生的解放經驗，貫注在猶太教與基督教的相連歷史及其宗教經典中。在十誡的一個版本中，摩西吩咐以色列人要守安息日：「使你的僕婢可以和你一樣安息。你也要記念你在埃及地作過奴僕；耶和華——你上帝用大能的手和伸出來的膀臂將你從那裡領出來。」[10]

在這些反覆引用出埃及經驗的經文中，隱含著「仿效上帝」這項原理：如果上帝曾經把以色列人從奴役中解放出來，那麼或許猶太教徒和基督徒也應該如此對待他們自己的奴隸。他們應該以自己遭遇的對待，以及期望被對待的方式，來對待其他人。「不要對你的鄰舍做出令你厭惡的事：這就是妥拉的全部；其餘的都是註解。」公元前一世紀末的著名拉比希列（Hillel）這麼說。[11] 與他差不多同代的拉比耶穌，曾說過一樣的話：「你們要別人怎樣待你們，就得怎樣待別人；這就是摩西法律和先知教訓的真義。」[12] 因此，經文的精義就是公平且公正地對待他人；實際的字句不必然要遵從。

因此，主張廢奴者依據聖經至高無上的權威，而非特定聖經作者（他們認為奴隸制度不僅可容許，甚至是上帝所命定）的實際字句，認定奴隸制度應當終止，因為該制度與聖經的精義有所抵觸。同樣的分析可應用在各種議題上，像是女性的地位，以及我會主張的是任何被視為低下的個人或群體的地位。

人們因而可以追蹤一條從聖經時代到現在、再到未來的軌跡。這條軌跡在一個包容眾人的群體中，朝著所有人獲得自由的目標前進。這個目標（這種受到啟發的理想），正是聖經的基本原理——可說和從前一樣，是聖經的潛台詞。任何特定的聖經經文，都是對於這種理想的不完全表述，因為所有經文都處於歷史的條件下，所以在任何意義上都不該被視為絕對。此外，沒有單一的聖經經文足以表達這種理想，而根據我們的觀點，事實上有些經文顯然與這種理想背道而馳。然而，整體上，聖經可理解成那持續運動的起始記錄，向著所有人都得到完全自由與平等的目標，不論社會地位、性別、族群、年齡或性取向。[13] 一段特定經文如何（或儘管）對現在的個人或群體說話，必須藉由「公正平等地對待鄰舍」這個試金石來測試判定，就如我們在希列和耶穌顯然相似的格言中所見。

換一種方式來說，聖經的教導如同憲法，已被證明為有彈性的，可適應於和原本脈絡非常不同的新處境。聖經也和憲法一樣必須加以詮釋——批判性地詮釋——以確保確實運用它「愛鄰舍」的基本原理。這項原理於〈利未記〉中表達，[14]並由耶穌[15]及其追隨者所重申，就像保羅這麼說：

「不可姦淫；不可殺人；不可盜竊；不可貪心。」這一切以及其他的命令都包括在「愛人如己」這一條命令裡面了。一個愛別人的人，不會做出傷害他人的事。所以，愛成全了全部的法律。[16]

這項原理能夠且應該持續滲透在渴求「讓所有人得到自由與公義」的社會中。

致謝

本書的部分章節曾以略為不同的形式發表，包括在歐柏林學院（Oberlin College）、高點大學（High Point University）、休倫大學學院（Huron University College）及聖經考古學會（Biblical Archaeology Society）年度研討會的演說，還有對我在石山學院（Stonehill College）與哈佛神學院（Harvard Divinity School）的學生講授。我感謝這些機構願意讓我嘗試講出構思初期的想法。

以下這些朋友與家人，他們讀過本書的全部或部分草稿，並且大大地幫助我更清楚地表達自己的觀點，我很感激：Kathleen Brandes、Thomas Cahill、Daniel Coogan、Elizabeth Coogan、Matthew Coogan、Michael Drons、Elizabeth Hill、Pamela Hill及Christopher Horan。

我感謝我的朋友Thomas Cahill、Bart Ehrman和James Kugel，他們在

這個寫作計畫初期便鼓勵我。我要特別感謝我的代理（Stephen Hanselman, LevelFiveMedia）及我的編輯（Jonathan Karp, Twelve）的鼓勵與支持。

參考書目

寫作過程中，我發覺以下這些是有助本書寫作的部分學術著作。

綜論

Howard Eilberg-Schwartz, *God's Phallus and Other Problems for Men and Monotheism*. Boston: Beacon, 1994.

Carol Meyers, ed., *Women in Scripture: A Dictionary of Named and Unnamed Women in the Hebrew Bible, the Apocryphal/Deuterocanonical Books, and the New Testament*. Boston: Houghton Mifflin, 2000.

Karel van der Toorn et al., eds., *Dictionary of Deities and Demons in the Bible*. Leiden: Brill, 2nd ed., 1999.

第一章　聖經中的「認識」：談論性

John H. Elliott, "Deuteronomy—Shameful Encroachment on Shameful Parts: Deuteronomy 25:11–12 and Biblical Euphemism," pp. 161–76 in *Ancient Israel: The Old Testament in Its Social Context* (ed. Philip F. Esler; Minneapolis, MN: Fortress, 2006).

J. Cheryl Exum, *Song of Songs: A Commentary*. The Old Testament Library. Louisville, KY: Westminster John Knox, 2005.

Marvin H. Pope, *Song of Songs: A New Translation with Introduction and Commentary*. Anchor Bible 7C. Garden City, NY: Doubleday, 1977.

Stefan Schorch, *Euphemismen in der Hebräischen Bibel*. Wiesbaden: Harrassowitz, 2000.

Edward Ullendorff, "The Bawdy Bible," *Bulletin of the School of Oriental and African Studies* 42 (1979), 425–56.

第二章　他要管轄妳：女人的地位

Phyllis A. Bird, *Missing Persons and Mistaken Identities: Women and Gender in Ancient Israel*. Minneapolis, MN: Fortress, 1997.

Cynthia R. Chapman, *The Gendered Language of Warfare in the Israel-Assyrian Encounter*. Harvard Semitic Monographs 62. Winona Lake, IN: Eisenbrauns, 2004.

Hennie J. Marsman, *Women in Ugarit and Israel: Their Social and Religious Position in the Context of the Ancient Near East*. Leiden: Brill, 2003.

第四章　你不可‥聖經中禁止的性關係

Susan Ackerman, *When Heroes Love: The Ambiguity of Eros in the Stories of Gilgamesh and David*. New York: Columbia University Press, 2005.

Bernadette J. Brooten, *Love between Women: Early Christian Responses to Female Homoeroticism*. Chicago: University of Chicago Press, 1996.

Stephanie Budin, *The Myth of Sacred Prostitution in Antiquity*. New York: Cambridge University Press, 2008.

Jacob Milgrom, *Leviticus*. Anchor Bible 3, 3A, 3B. New York: Doubleday, 1991-2000.

Saul M. Olyan, "'And with a Male You Shall Not Lie the Lying Down of a Woman': On the Meaning and Significance of Leviticus 18.22 and 20.13," *Journal of the History of Sexuality* 5 (1994), 179–206.

第五章　以色列中的醜事：強暴與賣淫

Cheryl B. Anderson, *Women, Ideology, and Violence: Critical Theory and the Construction of Gender in the Book of the Covenant and the Deuteronomic Law*. London: T & T Clark, 2005.

Deborah L. Ellens, *Women in the Sex Texts of Leviticus and Deuteronomy: A Comparative Conceptual Analysis*. London: T & T Clark, 2008.

Hilary B. Lipka, *Sexual Transgression in the Hebrew Bible*. Sheffield, UK: Sheffield Phoenix Press, 2006.

第六章　上帝的胯下之火：神話和隱喻中的上帝之妻

Gerlinde Buamann, *Love and Violence: Marriage as Metaphor for the Relationship between YHWH and Israel in the Prophetic Books*. Trans. Linda M. Maloney. Collegeville, MN: Liturgical, 2003(2000).

Michael D. Coogan, "The Goddess Wisdom—'Where Can She Be Found?': Literary Reflexes of Popular Religion," *Ki Baruch Hu: Ancient Near Eastern, Biblical, and Judaic Studies in Honor of Baruch A. Levine* (ed. R. Chazan et al.; Winona Lake, IN: Eisenbrauns, 1999), 203–9.

Michael D. Coogan, "Canaanite Origins and Lineage: Reflections on the Religion of Ancient Israel," *Ancient Israelite Religion: Essays in Honor of Frank Moore Cross* (ed. P. D. Miller, Jr., P. D. Hanson, and S. D. McBride; Philadelphia: Fortress, 1987), 115–24.

Linda Day, "Rhetoric and Domestic Violence in Ezekiel 16," *Biblical Interpretation* 8 (2000), 205–30.

Peggy L. Day, "The Bitch Had It Coming to Her: Rhetoric and Interpretation in Ezekiel 16," *Biblical Interpretation* 8 (2000), 231-54.

Peggy L. Day, "Adulterous Jerusalem's Imagined Demise: Death of a Metaphor in Ezekiel XVI," *Vetus Testamentum* 50 (2000), 285–309.

William G. Dever, *Did God Have a Wife: Archaeology and Folk Religion in Ancient Israel*. Grand Rapids, MI: Eerdmans, 2005.

Tikva Frymer-Kensky, *In the Wake of the Goddess: Women, Culture and the Biblical Transformation of Pagan Myth*. New York: Free Press, 1992.

Judith Hadley, *The Cult of Asherah in Ancient Israel and Judah*. Cambridge: Cambridge University Press, 2000.

P. R. S. Moorey, *Idols of the People: Miniature Images of Clay in the Ancient Near East*. Oxford: Oxford University Press, 2003.

Saul M. Olyan, *Asherah and the Cult of Yahweh in Israel*. Atlanta, GA: Scholars, 1988.

Mark S. Smith, *The Memoirs of God: History, Memory, and the Experience of the Divine in Ancient Israel*. Minneapolis, MN: Fortress, 2004.

Mark S. Smith. *The Origins of Monotheism: Israel's Polytheistic Background and the Ugaritic Texts*. New York: Oxford University Press, 2001.

Gail Corrington Streete, *The Strange Woman: Power and Sex in the Bible*. Louisville, KY: Westminster John Knox, 1997.

Renita J. Weems, *Battered Love: Marriage, Sex, and Violence in the Hebrew Prophets*. Minneapolis, MN: Fortress, 1995.

結論

Stephen Breyer, *Active Liberty: Interpreting Our Democratic Constitution*. New York: Vintage, 2006 (2005).

Michael D. Coogan, "The Great Gulf between Scholars and the Pew," *Bible Review* 10.3 (June 1994), 44–48, 55.

Archibald Cox, *The Court and the Constitution*. Boston: Houghton Mifflin, 1987.

註釋

依照當今學術慣例，我採用公元前（B.C.E., Before the Common Era）和公元（C.E., Common Era）取代舊式的主前（B.C.）和主後（A.D.）。我間或用「希伯來聖經」（Hebrew Bible）來指猶太教的聖經正典，而非顯然屬基督教的「舊約」（Old Testament）。

各種聖經中的章節數字偶然相異，本書我依據《新標準修訂版》（New Revised Standard Version），其中不時和《新猶太譯本》（New Jewish Publication Society Translation）有少許差異。

除註明外，所有古代文本的翻譯均出自本人手筆。

序言

1 http://www.gallup.com/poll/6217/Word-BibleBuying.aspx.

2 http://www.elca.org/~/media/Files/Who%20We%20Are/Office%20of%20the%20Secretary/Assembly/082109_LegisUpdate.pdf.

3 《紐約時報》（*The New York Times*），二〇〇九年八月二十一日。

4 *Goodridge v. Department of Public Health*, 798 N.E.2d 941(Mass. 2003).

5 引用〈馬太福音〉十九章4節和〈馬可福音〉十章6節中耶穌說的話。

203

6 〈耶利米書〉三十六章4、32節。

7 〈哥林多前書〉十六章21節。

8 〈民數記〉二十一章14節。

9 見〈哥林多前書〉五章9節；〈哥林多後書〉七章8節。

10 〈出埃及記〉二十章5節；〈申命記〉五章9節。

11 〈以西結書〉十八章20節，《現代中文譯本修訂版》。

12 〈雅歌〉八章6節，《新標點和合本》。

第一章　聖經中的「認識」：談論性

1 London: Hamilton, 1953.

2 〈雅歌〉四章1-7節，《現代中文譯本修訂版》。

3 這個罕見的希伯來字可能意指「肚臍」（navel）或「陰戶」（vulva）。我選擇用「凹處」（hollow），是基於該字的歧義。波普（Marvin Pope）偏好「陰戶」，因為此處的描述是向上移動的，而且如他所說，「肚臍並非因其儲存或提供濕潤而顯著。」（Marvin H. Pope, *Song of Songs: A New Translation with Introduction and Commentary* [Anchor Bible 7C; Garden City, NY: Doubleday, 1977], 617-18）。

4 〈雅歌〉七章1-5節，《現代中文譯本修訂版》。

5 〈雅歌〉五章10-16節，《現代中文譯本修訂版》。

6 〈創世記〉四章1節，依作者譯文翻譯。

7 〈民數記〉三十一章17-18、35節，依作者譯文翻譯；亦見〈士師記〉二十一章12節，且比較〈申命記〉二十一章10-14節。

8 〈阿摩司書〉三章2節，《新標點和合本》。

9 〈撒母耳記下〉十九章33-35節，《新標點和合本》。

10 〈箴言〉三十章20節，《現代中文譯本修訂版》。

11 〈創世記〉三十章15-16節，依作者譯文翻譯。

12 〈約書亞記〉二章1-3節，依作者譯文翻譯。

13 〈利未記〉十八章6-19節。詳見本書頁一三八—一四〇。

14 〈申命記〉二十八章57節，依作者譯文翻譯。

15〈以賽亞書〉七章20節，依作者譯文翻譯。

16〈路得記〉三章7－14節。

17〈士師記〉四章17－22節。

18〈士師記〉五章27節，依作者譯文翻譯。

19〈創世記〉三十二章22－32節。

20〈出埃及記〉十一章5節，《現代中文譯本修訂版》。

21〈出埃及記〉四章25－26節，依作者譯文翻譯。

22 其他也是委婉說法的經文，包括：〈申命記〉二十八章57節；〈士師記〉三章24節；〈撒母耳記上〉二十四章3節；〈以賽亞書〉六章2節。

23〈以賽亞書〉五十二章7節，依作者譯文翻譯。

24〈路加福音〉七章38節。

25 希伯來字 *yad*。

26 希伯來字 *kap*。

27〈社群守則〉七欄13－14行（Rule of the Community, 1QS, Col. 7, lines 13-14）。

28〈以賽亞書〉五十七章8節，依作者譯文翻譯。

29 此看法為馬竇·庫根（Matthew Coogan）建議我的；請注意《欽定版聖經》（King James Version, KJV）譯為「紀念品」（remembrance），並比較《新美國聖經》（New American Bible, NAB）譯為「猥褻的象徵物」（indecent symbol）。這個希伯來字是 *zikkaron*。

30 〈約書亞記〉二章3節，依作者譯文翻譯。

31 〈以西結書〉十六章26節；二十三章20節。

32 〈雅歌〉五章2-6節，《現代中文譯本修訂版》。

33 唯一的例外可能是八章6節，當中一個罕見的字（*shalhebetyah*）的最後音節，被一些學者理解成神聖名字「耶和華」（Yahweh）的一種縮寫形式。

第二章 他要管轄妳：女人的地位

1 〈創世記〉一章27節，《現代中文譯本修訂版》。

2 〈創世記〉三章16節，依作者譯文翻譯。譯為「男人」的這個字也可指涉「配偶」，可同樣用在動物（如〈創世記〉七章2-3節）或人類男性身上。若是後者，該字可譯為「丈夫」，但在此這樣翻譯未必準確，因為這對男女尚未正式結婚。

3 〈創世記〉五章6-8節，依作者譯文翻譯。《欽定版聖經》（KJV）使用的「begat」（為人之父），被《英語標準版聖經》（English Standard Version, ESV）現代化為「生了」（fathered）。

205

4 〈創世記〉十一章26節，《現代中文譯本修訂版》。

5 〈利未記〉二十七章3-7節。

6 〈創世記〉十八章12節。這個希伯來文是'adon；亦見〈士師記〉十九章26節；〈阿摩司書〉四章1節；〈詩篇〉四十五篇11節。

7 〈創世記〉二十章3節。這個希伯來字是ba'al；亦見〈出埃及記〉二十一章3、22節；〈申命記〉二十二章22節，二十四章4節；〈撒母耳記下〉十一章26節；〈約珥書〉一章8節；〈箴言〉十二章4節，三十一章11、23、28節；〈以斯帖記〉一章17、20節。

8 〈以賽亞書〉一章3節。

9 〈彼得前書〉三章1、6節，《現代中文譯本修訂版》。

10 〈民數記〉三十章3-15節。

11 〈出埃及記〉二十一章7-11節，《現代中文譯本修訂版》。

12 〈出埃及記〉二十二章16-17節，《現代中文譯本修訂版》。

13 〈詩篇〉六十八篇5節，《現代中文譯本修訂版》。

14 〈列王紀上〉十七章8-24節。

15 〈馬太福音〉十四章13-21節，十五章32-39節；〈馬可福音〉六章30-44節，八章1-10節；〈路加福音〉九章10-17節；〈約翰福音〉六章1-14節。

16 〈路加福音〉七章11-17節。

17 〈創世記〉二十四章16節，《現代中文譯本修訂版》。

18 〈便西拉智訓〉四十二章9-12節，譯文引自《基督教典外文獻——舊約篇．第五冊》，頁二七五—二七六。

19 〈士師記〉十一章1-3節。

20 〈士師記〉十一章7節，《現代中文譯本修訂版》。

21 〈士師記〉十一章30－31節，《現代中文譯本修訂版》。

22 〈士師記〉十一章35－39節，《新標點和合本》。

23 〈列王紀上〉十六章34節，依作者譯文翻譯。

24 〈約書亞記〉六章26節，《現代中文譯本修訂版》。

25 見〈出埃及記〉十三章13節；〈民數記〉三章46－47節；以及本書頁五五—五七。

26 〈創世記〉二十二章1－19節。

27 〈創世記〉十八章23－33節。

28 例見〈哥林多前書〉五章7節；〈以弗所書〉五章2節；〈希伯來書〉九章11－14節；〈約翰壹書〉四章10節。

29 〈撒母耳記上〉十二章8－11節；〈希伯來書〉十一章32節。

30 〈以斯拉下〉十六章33節，譯文引自《基督教典外文獻——舊約篇．第五冊》，頁四五四。亦見〈以賽亞書〉四章1節。

31 〈哥林多前書〉七章8－9節，《和合本修訂版》。儘管有其特殊意義，但《欽定版聖經》（KJV）將最後的語句譯為「與其被火焚燒，不如嫁娶」，錯誤地暗指地獄之火的永久刑罰，那是保羅沒有採用的意象。

32 〈哥林多前書〉七章32－34節，《現代中文譯本修訂版》。

33 〈哥林多前書〉七章25－26、31節，《現代中文譯本修訂版》。

34 〈馬太福音〉十九章12節，《新標點和合本》。

35 我採用福音書作者的傳統名字，儘管各卷福音書都不太可能是由那些冠上名字的人所寫。

36 〈路加福音〉七章33－34節。

37 〈啟示錄〉十四章4節，《新標點和合本》。

38 當然並非全部如此。改宗到羅馬天主教的已婚聖公會神職人員，被允許可同時行使司鐸一職且維持婚姻，因為離婚是不可能的。

39 〈路加福音〉一章17節，《現代中文譯本修訂版》。關於〈路加福音〉一章5－25節的整段敘述，比較〈創世記〉十五章1－6節，十六章，十七章15－22節，十八章9－14節；〈士師記〉十三章2－5節；以及本書頁一〇四－一〇七。

40 〈路加福音〉一章26－38節；〈馬太福音〉一章18－25節。

41 〈馬太福音〉一章20節，二章13、19、22節；比較〈創世記〉三十七章5－11、19節，四十二章9節。

42 見〈約翰福音〉一章46節。

43 〈羅馬書〉一章3節，《現代中文譯本修訂版》。

44 〈馬太福音〉一章25節。

45 〈馬可福音〉三章31節，六章3節；以及相關平行經文；〈約翰福音〉二章12節，七章3－10節；〈使徒行傳〉一章14節；〈加拉太書〉一章19節。有時耶穌的手足被認定是他的同父異母兄姊（約瑟在前一段婚姻所生）；在孩子的母親、他的第一任妻子過世後，約瑟才娶了馬利亞。這種虛構的闡述，被發展來調和新約再三提及耶穌手足的記載，以及「馬利亞永保童貞」的後聖經教義。另一種解釋，即這些手足是耶穌的堂表兄弟姊妹，同樣沒有根據。

207

46 〈士師記〉十一章39-40節，《現代中文譯本修訂版》。

47 〈士師記〉五章1-31節；特別見1節和12節。

48 〈撒母耳記上〉十八章6-7節。

49 見〈士師記〉二十一章20-21節。

50 〈耶利米書〉四十四章19節。見本書頁二〇一—二〇二。

51 〈出埃及記〉二十二章18節；亦見〈利未記〉二十章27節；〈申命記〉十八章9-14節。

52 〈撒母耳記上〉二十八章，《現代中文譯本修訂版》。

53 〈出埃及記〉十五章20-21節。根據十五章1節，到目前為止，這首頌歌被稱為「摩西之歌」，暗指作者是摩西。但經文並沒有這樣說，而且從十五章21節來看，米利暗顯然才是作者。

54 〈民數記〉十二章。

55 〈彌迦書〉六章4節，《現代中文譯本修訂版》。

56 〈列王紀下〉二十二章14-20節，二十三章29-30節。

57 〈尼希米記〉六章14節。

58 〈以賽亞書〉八章1-4節。他的名字意指「快搶、速奪」，是猶太戰勝亞述的象徵性保證，卻是一個孩子擁有的發人深思的綽號。另一個擁有象徵性名字「以馬內利」（意指「上帝與我們同在」）的男孩，可能是瑪黑珥．沙拉勒．哈施．罷斯的兄弟；見〈以賽亞書〉七章14節。先知何西阿的孩子也具有類似發人深思的象徵性名字；見〈何西阿書〉一章4－9節。

208

59 例見〈以西結書〉十三章17節；〈約珥書〉二章28節。

60 〈撒母耳記下〉十四章1－24節。

61 〈撒母耳記下〉二十章。

62 〈路加福音〉二章25－38節。

63 〈使徒行傳〉二十一章9節。

64 〈哥林多前書〉十一章5節；〈啟示錄〉二章20節。

65 〈士師記〉四章6－10節，五章12節。

66 〈士師記〉四章17－22節，五章24－27節。

67 〈猶滴傳〉十二章10節至十三章20節。

68 〈列王紀上〉二十一章。

69 〈列王紀上〉十八章19節。

70 〈列王紀上〉十五章13節。

71 〈列王紀下〉十一章；亦見〈歷代志下〉二十三章17節。

72 〈歌羅西書〉四章15節，《現代中文譯本修訂版》。

73 〈羅馬書〉十六章7節。

74 〈腓立比書〉四章2-3節。

75 〈羅馬書〉十六章1-2節。

76 〈使徒行傳〉六章1-6節。

77 〈路加福音〉八章2-3節。

78 〈箴言〉三十一章10-31節，《現代中文譯本修訂版》。

79 〈出埃及記〉二十章12節；〈申命記〉五章16節；亦見〈出埃及記〉二十一章15、17節。

80 〈撒母耳記上〉二十五章。

81 〈加拉太書〉三章28節，《新標點和合本》。

82 〈便西拉智訓〉四十四章1節至五十章24節。

83 〈哥林多前書〉十四章33-35節，《現代中文譯本修訂版》。

84 〈提摩太前書〉二章11-14節，《現代中文譯本修訂版》。

85 〈馬太福音〉二十八章1節；〈馬可福音〉十六章1-2節；〈路加福音〉二十四章10節；〈約翰福音〉二十章1節。四卷福音書都有記載抹大拉的馬利亞之名。〈馬太福音〉、〈馬可福音〉及〈路加福音〉也提到雅各和約西的母親馬利亞。〈馬可福音〉還提到撒羅米，而〈路加福音〉則提到約亞拿和其他婦女。這些出入顯示了在發現空墳這件事上，女性的角色不具有重大意義；見本書頁八九—九〇。

86 〈哥林多前書〉十五章3-7節，《新標點和合本》。

209

87 〈雅歌〉七章10節，《現代中文譯本修訂版》。

88 〈創世記〉三章16－19節。

89 〈哥林多前書〉十一章3、9節。

90 Jimmy Carter, The Observer, Sunday 12 July 2009. (http://www.guardian.co.uk/commentisfree/2009/jul/12/jimmy-carter-womens-rights-equality).

第三章　像初始那樣？結婚和離婚

1 〈哥林多前書〉十三章，《新標點和合本》。

2 〈詩篇〉一二七篇3－5節，《現代中文譯本修訂版》。

3 〈詩篇〉一二八篇3、6節，《現代中文譯本修訂版》。此處為符合使用包容性語言的趨勢，《新標準修訂版》（New Revised Standard Version, NRSV）將這個指涉「兒子」的希伯來文，譯為「兒女」，儘管那不存在於先前的文本中。

4 唯一例外是俄南的例子；見本書頁一四一。

5 有些人認為希臘字 *pharmakeia*（〈加拉太書〉五章20節；〈啟示錄〉九章21節，十八章23節，亦見二十一章8節，二十二章15節）意指用來墮胎的藥物。但通常將此字解釋為「巫術」是正確的。當然，就像古代的其他儀式專家，巫師通常也是醫療專家。即使在新約中這個字暗指藥物使用，也沒有證據顯示它和墮胎明確相關。

6 〈出埃及記〉二十一章22－25節，《現代中文譯本修訂版》。

7 同樣的一般性陳述，可見於〈利未記〉二十四章17－21節，以及〈申命記〉十九章16－21節；亦見〈馬太福音〉五章38－42節。

8 見〈列王紀下〉八章12節，十五章16節；〈阿摩司書〉一章13節。

9 〈何西阿書〉十三章16節。

10 〈民數記〉五章20－22、27節。她也可能患有子宮下垂，致使她將無法再懷孕。

11 〈約伯記〉三十一章15節，《新標點和合本》。

12 〈約伯記〉十章8－11、18節，《新標點和合本》。亦見〈詩篇〉一三九篇13－16節。通常和這有關的引文是〈耶利米書〉一章5節，但那是專指先知耶利米，而非關於所有胚胎的一般性陳述；基於〈耶利米書〉一章5節的〈加拉太書〉一章15節，也同樣是特定的。在〈以賽亞書〉四十四章2節，同樣的語言以隱喻用在以色列身上。在〈路加福音〉一章39－44節，當馬利亞拜訪伊利莎白時，施洗約翰在他母親伊利莎白的腹中跳動，伊利莎白將此詮釋為她尚未出生的兒子，很開心地認出也還在子宮裡的耶穌。但對路加而言，這是一種敘事手法，而且在他的福音書裡，那其實是約翰和耶穌唯一的一次相遇。

13 拉班負責最初的協商，可能是因為他是利百加的胞兄，她的父親彼土利則只在最後階段參與。

14 〈創世記〉二十四章。

15 〈創世記〉三十四章4－12節。此事發生在底拿被示劍強暴之後（見本書頁一七七—一八〇），而婚禮終究從未舉行。

16 〈創世記〉二十九章15－30節；〈出埃及記〉二章21節；〈撒母耳記上〉十八章17－27節。

17 如同〈創世記〉二十四章65節一樣。

18 〈何西阿書〉三章2節。某些古卷並不包括酒。

19 〈利未記〉二十七章4節。

20 〈以西結書〉十六章8節；〈瑪拉基書〉二章14節；〈箴言〉二章17節。聖經並未記載成文的結婚契約，但聖經以外的資料有提到，而離婚時要給妻子休書的規定（見〈申命記〉二十四章1節；〈以賽亞書〉五十章1節；以及本書頁一一六—一一八），表明了在識字的時代應該也有成文的婚約。

21 〈申命記〉二十二章23–27節。

22 〈多比傳〉四章12節，譯文引自《基督教典外文獻——舊約篇．第五冊》，頁一三。

23 〈創世記〉二十一章21節。

24 〈創世記〉二十八章2節，《現代中文譯本修訂版》。利百加本身也想要這樣的結果；見〈創世記〉二十七章46節。

25 〈申命記〉七章3–4節，《現代中文譯本修訂版》；亦見〈出埃及記〉三十四章16節。

26 〈列王紀上〉十六章31–32節，十八章19節，二十一章25節。

27 〈創世記〉三十八章2節。

28 〈創世記〉四十一章50節。這樁婚姻是後聖經時期作品《約瑟和亞西納》（Joseph and Asenath）的主題。這部作品描寫亞西納多麼不情願嫁給父親選中的男人約瑟——畢竟他是個外邦人。但當她見到約瑟如此俊美時，便愛上了他。至於約瑟，他原本也不想娶亞西納，直到她如約瑟的期待改變信仰。

29 〈路得記〉四章13-22節。

30 摩西的妻子西坡拉是米甸人（〈出埃及記〉二章16-21節）。之後的經文稱摩西的妻子為古實人，那可能是指第二任妻子。然而，古實不僅是代表衣索比亞/埃塞俄比亞的名稱，也是米甸的詩性同義詞（見〈哈巴谷書〉三章7節），所以很可能摩西只有一位妻子。

31 〈民數記〉十二章1-2節。

32 〈以斯帖補篇〉十四章15節，譯文引自《基督教典外文獻——舊約篇．第五冊》，頁七八。

33 〈士師記〉十三章2-24節。

34 〈撒母耳記上〉一章1-20節。

35 〈路加福音〉一章5-24節。

36 〈創世記〉十六章1-4節，《現代中文譯本修訂版》。

37 〈創世記〉十六章4-6節；亦見〈箴言〉三十章23節。

38 〈創世記〉十八章1-14節。

39 〈創世記〉十八章12-15節，《現代中文譯本修訂版》。

40 〈創世記〉二十一章6節，《現代中文譯本修訂版》。

41 〈創世記〉二十六章6-9節，依作者譯文翻譯；比較〈創世記〉十二章11-12節，二十章2節；以及見本書頁一四二—一四四。

42 〈創世記〉二十六章8節，見以下譯本：sporting with《欽定版聖經》（KJV）；fondling

43 《新猶太譯本》（New Jewish Publication Society Translation, NJPS）、fondling《新標準修訂版》（NRSV）、fondling《新美國聖經》（NAB）；caressing《修訂英文聖經》（Revised English Bible, REB）、caressing《新國際譯本》（New International Version, NIV）。《新英文聖經》（New English Bible, NEB）。

44 同樣的弦外之意，也出現在金牛犢的故事（這本身是非常複雜的敘述）。當牛犢完成後，在（敬拜耶和華的）節慶中，百姓獻祭，然後「坐下吃喝，起來歡笑」（〈出埃及記〉三十二章6節）——暗指那不僅涉及偶像崇拜，還有縱情狂歡。

45 〈創世記〉二十一章9-10節，依作者譯文翻譯。

46 〈創世記〉三十章1-13節。

47 〈創世記〉二十五章1-2節。如同雅各，以實瑪利（〈創世記〉十七章20節）與拿鶴（〈創世記〉二十二章20-24節）也各有十二個兒子。

48 猶滴與巴實抹（〈創世記〉二十六章34節）；瑪哈拉（〈創世記〉二十八章9節）；亞大和阿何利巴瑪（〈創世記〉三十六章2節）。

49 〈士師記〉八章30節。

50 哈拿和毗尼拿（〈撒母耳記上〉一章2節）。

51 在聖經中，最後記載擁有超過一名妻子的男人是，公元前六世紀初的兩位末代猶大國王約雅斤（〈列王紀下〉二十四章15節）和西底家（〈耶利米書〉三十八章23節）。在同一個時期，先知以西結將兩名寓意式的妻子歸屬於耶和華（〈以西結書〉二十三章4節）；見本書頁二一二—二一四。聖經律法也證實這種做法，公元前三世紀末的作者便西拉有同樣的證實，他可能是引用較古老的箴言（〈便西拉智訓〉二十六章6節，三十七章11節）。關於較晚的證據，請見R. Katzoff, "Polygamy in P. Yadin?" *Zeitschrift für Papyrologie und Epigraphik* 109（1995），128-32，以及S. Lowy, "The Extent of Jewish Polygamy in Talmudic Times," *Journal of Jewish Studies* 9（1958），115-38。

52 在後聖經傳統中，亞當在夏娃之前有另一名妻子，即惡名昭彰的莉莉斯（Lilith）；中世紀的傳奇故事說，莉莉斯離開亞當，因為當他們做愛時，亞當拒絕讓她在上面。莉莉斯被逐出伊甸園後變成了夜魔，而近來她成為猶太女性主義者的類似守護聖人。

53 〈創世記〉四章19節。

54 〈申命記〉二十一章15-17節。關於不同的看法，可見〈箴言〉三十章23節。

55 米甲（〈撒母耳記上〉十八章27節）；亞希暖、亞比該、瑪迦、哈及、亞比她、以格拉（〈撒母耳記下〉二章2節，三章2-5節）；拔示巴（〈撒母耳記下〉十一章27節；見本書頁一三四—一三九）。關於眾妾，見〈撒母耳記下〉十六章21-22節；〈列王紀上〉一章2-4節。

56 〈列王紀上〉十一章3節；亦見〈雅歌〉六章8節。

57 〈列王紀上〉十一章1-13節；亦見〈申命記〉十七章17節。

58 〈撒母耳記下〉三章6-11節。

59 〈撒母耳記下〉十二章8節。

60 〈撒母耳記下〉十六章20-22節。

61 〈列王紀上〉一章1-4節。

62 〈列王紀上〉二章13－25節。

63 見 Mordechai Cogan, *The Raging Torrent: Historical Inscriptions from Assyria and Babylonia Relating to Ancient Israel* (Jerusalem: Carta, 2008), 115。

64 〈耶利米書〉八章10節，《現代中文譯本修訂版》。

65 〈約翰福音〉二章1－11節。

66 〈提摩太前書〉二章15節。

67 〈以弗所書〉五章22－25節，《現代中文譯本修訂版》。

68 〈撒母耳記下〉十三章1節。

69 〈創世記〉二十九章17－18節。

70 〈撒母耳記上〉十八章20節；參見〈耶利米書〉二章2節。

71 〈列王紀上〉十一章1－2節。

72 〈創世記〉二十四章67節。

73 〈撒母耳記上〉一章5節。

74 〈以西結書〉二十四章16節，依作者譯文翻譯。亦見〈出埃及記〉二十一章5節；〈申命記〉二十一章15節；〈士師記〉十四章16節，十六章15節；〈歷代志下〉十一章21節；〈箴言〉四章6節。

75 〈創世記〉二十一章10－14節。

76 〈申命記〉二十四章1－4節，《現代中文譯本修訂版》。

77 亦見〈耶利米書〉三章1節。

78 後來被稱為「get」。

214

79 〈申命記〉二十三章12－14節；《新標準修訂版》（NRSV）將此處譯為「猥褻的事」（anything indecent），但在二十四章1節譯為「令人反感的事」（something objectionable）；同樣地，《新猶太譯本》（NJPS）兩處分別譯為「不得體的事」（anything unseemly）和「令人厭惡的事」（something obnoxious）。另一方面，《欽定版聖經》（KJV）則譯為「污穢之事」（unclean thing）和「不潔淨」（some uncleanness）。（編按：《新標點和合本》譯為「不合理的事」、「可恥行為」。）

80 見〈申命記〉二十二章22節。

81 〈馬太福音〉一章19節，《新標點和合本》。

82 〈出埃及記〉二十一章8節。

83 〈利未記〉二十二章13節；亦見〈民數記〉三十章9節。

84 〈申命記〉二十二章21節，《現代中文譯本修訂版》。

85 〈申命記〉二十二章19節，《現代中文譯本修訂版》。罰金是處女新娘聘金的兩倍（〈申命記〉二十二章29節），所以不只是補償，也是懲罰性賠償，就像其他有關財產的律法規定（〈出埃及記〉二十二章4、7、9節）。

86 特別見〈便西拉智訓〉四十二章9－14節。

87 〈申命記〉二十二章13、19節。如上所述，沒有針對非處男新郎的處罰。

88 〈申命記〉二十二章28－29節；比較〈出埃及記〉二十二章16－17節。

89 〈利未記〉二十一章7、14節；〈以西結書〉四十四章22節進一步禁止任何祭司娶寡婦。

90 〈瑪拉基書〉二章13－14、16節，依作者譯文翻譯；15節晦澀難解，我沒有加以翻譯。亦見〈彌迦書〉二章9節。

91 〈耶利米書〉三章8節，依作者譯文翻譯；亦見〈以賽亞書〉五十章1節。

92 〈以斯拉記〉十章2－3節，《現代中文譯本修訂版》。譯為「送走」的這個詞，也可能和「離婚」有細微差異；比較〈申命記〉二十四章2節。

93 〈以斯拉上〉九章36節。

94 學者稱此資料來源為Q（取自德文Quelle，即「資料來源」）。它是一種假設的資料來源——亦即它並非真實存在，但卻是對此問題的最佳解釋：為何在很多情況裡，〈馬太福音〉和〈路加福音〉一字不差地吻合，可是〈馬可福音〉卻沒有對應的相同記載。大多數學者認為，Q幾乎全是由耶穌格言所組成，那是在〈馬太福音〉和〈路加福音〉使用之前，便已收集且譯為希臘文。

95 〈馬可福音〉十章11－12節，《現代中文譯本修訂版》。

96 〈馬太福音〉十九章9節，《現代中文譯本修訂版》。

97 〈路加福音〉十六章18節，《現代中文譯本修訂版》。

98 〈馬可福音〉十章2－9節，《現代中文譯本修訂版》。

99 見〈出埃及記〉八章15、32節，九章34節。

100 〈馬太福音〉五章31－32節，《現代中文譯本修訂版》；該引文來自〈申命記〉二十四章1節。

101 〈哥林多前書〉七章10－11節，《現代中文譯本修訂版》。

102 〈哥林多前書〉七章12－15節，《現代中文譯本修訂版》。

103 1650條（1997年版）。

104 〈馬太福音〉十九章8節，《現代中文譯本修訂版》，這是馬太擴充了前面所引述〈馬可福音〉中耶穌與法利賽人爭辯的段落。

第四章　你不可：聖經中禁止的性關係

1 〈傳道書〉九章9節，《現代中文譯本修訂版》。

2 〈出埃及記〉十九章1－2節。

3 〈出埃及記〉二十章14節；〈申命記〉五章18節。由於不同的宗教傳統對十誡的編號有所不同，所以對某些傳統來說這是第六誡。

4 〈便西拉智訓〉二十三章22－23節。

5 〈出埃及記〉二十章17節。〈申命記〉五章21節所記載的這條誡命有一個細微差異的版本，有些宗教群體遵循而把它當作兩條誡命。但妻子仍然連結於其他的財產，即使稍微提昇了她的價值，或許連同她身為妻子的地位。

6 〈彌迦書〉二章1-2節。亦見〈出埃及記〉三十四章24節。

7 這條誡命從約伯的一項無罪聲明得到進一步闡明：他聲稱自己的心沒有被女人誘惑，他也沒有在鄰居的門口埋伏等待，以便鄰居一出門，就可和他的妻子同寢（〈約伯記〉三十一章9節）。

8 2350-91條（1997年版）。

9 〈馬太福音〉五章27-28節，《現代中文譯本修訂版》。

10 如同接下來關於離婚的說話。

11 〈利未記〉二十章10節，《現代中文譯本修訂版》。

12 〈申命記〉二十二章22節，《現代中文譯本修訂版》。這種處罰的嚴厲程度，高於一些其他古代近東法律彙編中的規定——由受害的丈夫來決定給予妻子什麼處罰；同樣的處罰將施加在那個通姦的男人身上。在〈約翰福音〉一處後來添加的經文中，只有犯姦淫的女人要被處死；並沒有提到男人（〈約翰福音〉八章1-11節，編按：《新標準修訂版》（NRSV）及《和合本修訂版》則由七章53節至八章11節）。

13 〈撒母耳記下〉十一章1節，《現代中文譯本修訂版》。

14 〈撒母耳記下〉十一章5節，《現代中文譯本修訂版》。

15 見〈撒母耳記上〉二十一章5節。從約櫃出現在戰場上，可以知道與亞捫人的戰役是場聖戰（〈撒母耳記下〉十一章11節）。

16 〈撒母耳記下〉十一章15節，《現代中文譯本修訂版》。

17 〈撒母耳記下〉十二章1-4節，《現代中文譯本修訂版》。

18 〈撒母耳記下〉十二章7節，《現代中文譯本修訂版》。

19 〈出埃及記〉二十章5節。

20 也可注意〈箴言〉六章29-35節記載的通姦和偷盜的關聯。

21 〈利未記〉十八章20節，依作者譯文翻譯；亦見前面引述的二十章10節。

22 〈利未記〉十八章6-16節。

23 〈利未記〉十八章16節，《新標點和合本》。

24 〈申命記〉二十七章20節，依作者譯文翻譯；亦見〈申命記〉二十二章30節。在〈哥林多前書〉五章1節，保羅似乎想著同樣的情境。

25 〈出埃及記〉二十一章7節。

26 比較〈出埃及記〉二十二章16-17節。

27 〈申命記〉二十五章5-6節。

28 〈創世記〉三十八章8節，《現代中文譯本修訂版》。

29 〈多比傳〉六章14-15節。

30 這異於一般的處死方式——用石頭打死。用火燒死只適用於和一個女人及其母親都發生性關係的男人（還有這兩個女人），以及成為妓女的祭司女兒（〈利未記〉二十一章9節），另外別處也有記載（〈士師記〉十五章6節）。

31 這個希伯來字可譯為賣淫或濫交。在此應該是指後者：猶大只知道她瑪懷孕了。參見本書頁一八〇—一八二。

32 見〈歷代志上〉二章4-5、9-15節；〈路得記〉四章18-22節。娶死去近親之妻的義務，是〈路得記〉中十分重要的情節（見二章20節，四章1-12節），並非偶然。

33 〈利未記〉十八章16節，二十章21節。

34 〈創世記〉三十八章26節，《現代中文譯本修訂版》。

35 〈撒母耳記下〉十三章1-22節。參見本書頁一七九—一八一。

36 〈利未記〉十八章9節；類似的是二十章17節；〈以西結書〉二十二章11節。

37 〈創世記〉二十章12節。

38 亦見〈創世記〉十二章10-20節，二十六章6-11節。

39 〈創世記〉十九章30-38節。

40 〈創世記〉九章20-27節。

41 〈創世記〉三十五章22節，《現代中文譯本修訂版》。

42 〈創世記〉四十九章3-4節，《新標點和合本》。這段經文非常難解。

43 〈利未記〉十八章19節，《新標點和合本》。

44 〈利未記〉十五章16節。關於聖戰，見〈申命記〉二十三章9-14節；〈撒母耳記上〉二十一章5節；〈撒母耳記下〉十一章11節。同樣的禁令可見於〈出埃及記〉十九章15節，那是在西奈迎接上帝顯現的部分預備工作。

45 〈利未記〉十五章18節。

46 〈利未記〉十二章2－5節，十五章19－24節；類似的還有〈利未記〉二十章18節。在像是古代以色列的社會中——女性初經後很快就結婚，並且在她們其餘的生育期，不是懷孕，就是哺乳——她們的月經來潮不會頻密，所以來自月經的禮儀不潔淨也相對較少出現。

47 〈利未記〉十八章22－23節，《新標點和合本》。

48 〈利未記〉二十章13、15－16節。〈出埃及記〉二十二章19節並不要求處死無辜的動物；亦見〈申命記〉二十七章21節。

49 〈利未記〉十九章19節；〈申命記〉二十二章5、9－11節。

50 就像如果我們詢問他們的宗教一樣。如同史密斯（Wilfred Cantwell Smith）在《宗教的意義與目的》（*The Meaning and End of Religion: A New Approach to the Religious Traditions of Mankind*, New York: Macmillan, 1963）的著名表述，把宗教當作信念與實踐的獨立體系，是一種現代的觀念。在古代，我們現在所謂的「宗教」，是更廣大文化的一部分，而且真的無法與之區別開來。

51 我使用布盧敦（Bernadette J. Brooten）建議的術語，她認為：「比起『同性戀』（homosexuality），『同性情慾』（homoeroticism）沒有那麼固定的意涵，因而較適合用來研究某種文化的文本，那是與當代工業化國家文化非常不同的文化。」（*Love Between Women: Early Christian Responses to Female Homoeroticism* [Chicago: University of Chicago Press, 1996], 8）。

52 見〈撒母耳記上〉十六章1－13節，且比較〈撒母耳記上〉十章1節。

219

53 見〈撒母耳記下〉二十一章19節，且比較〈撒母耳記上〉十七章。

54 〈撒母耳記上〉十八章1節，二十章17節。

55 〈撒母耳記下〉一章23、26節，依作者譯文翻譯。

56 〈撒母耳記上〉十八章1－4節，《新標點和合本》。

57 〈撒母耳記上〉二十章41節，《新標點和合本》；參見前頭的二十章8、14、17節。

58 例如，〈撒母耳記上〉十章1節；〈撒母耳記下〉十九章39節；〈箴言〉二十四章26節，二十七章6節；以及新約記載猶大親吻耶穌（〈馬可福音〉十四章44－45節及平行經文）。

59 在這段敘事的當下，大衛已經娶了米甲、亞比該及亞希暖。

60 見〈列王紀上〉五章1、12節，九章13節。〈阿摩司書〉一章9節也提到以色列和泰爾之間的兄弟盟約。

61 例如：Tom Horner, *Jonathan Loved David: Homosexuality in Biblical Times*（Philadelphia: Westminster, 1978）、Daniel Helminiak, *What the Bible Really Says about Homosexuality*（San Francisco: Alamo Square, 1994）、Christopher A. Hubble, *Lord Given Lovers: The Holy Union of David & Jonathan*（Lincoln, NE: iUniverse, 2003）。

62 〈創世記〉十三章10節，《現代中文譯本修訂版》。

63 〈創世記〉十三章13節，《現代中文譯本修訂版》。

64 〈創世記〉十八章20節。

65 〈創世記〉十八章22－33節。

66 〈創世記〉十九章4－5節，依作者譯文翻譯。

67 見本書頁三九—四二。

68 〈創世記〉十九章8節，《新標點和合本》。

69 〈所羅門智訓〉十九章14節，譯文引自《基督教典外文獻——舊約篇．第五冊》，頁一四五。該書卷為次經之一，天主教徒及東正教徒將它視為聖經的一部分，但猶太教徒和大部分基督徒不接受。

70 Phyllis Trible, *Texts of Terror: Literary-Feminist Readings of Biblical Narratives*（Philadelphia: Fortress, 1984），第三章。

71 〈士師記〉十九章22－24節，依作者譯文翻譯。

72 〈士師記〉十九章25－26節，《新標點和合本》。

73 〈士師記〉十九章27－29節，《新標點和合本》。

74 〈士師記〉二十章6節，依作者譯文翻譯。

75 〈路加福音〉十章8－12節，《新標點和合本》。

76 〈以西結書〉十六章49－50節，《新標點和合本》。

77 例如，〈出埃及記〉三章9節，二十二章23節；〈以賽亞書〉五章7節；〈約伯記〉三十四章28節；〈詩篇〉九章12節。

78 〈以賽亞書〉一章10、16－17節，《新標點和合本》；亦見〈耶利米書〉二十三章14節。

79 這是許多當代聖經學者抱持的觀點。此觀點也正好是卡爾（David M. Carr）在我主編的

221

《新牛津註解聖經》（*The New Oxford Annotated Bible*, 3rd ed., 2001; 2007）的〈創世記〉註釋中所提出的解釋。男同性戀社運分子和同性戀反對者都抓住這種觀點，前者主張，事實上聖經並未譴責同性戀；後者（包括 Concerned Women for America 網站）則認為，我們在提倡同性戀議程。兩者都錯了，但原因有別。

80 有許多其他經文提到所多瑪，但幾乎都是指稱它的荒涼地景為上帝懲罰的原型，而沒有具體指出它做了什麼事。〈馬加比三書〉二章5節說到所多瑪的傲慢與惡行，〈彼得後書〉二章6節則提到目無法紀和不敬虔，但這種模糊的語言表達未必指著雞姦。

81 作者幾乎肯定不是使徒猶大，即耶穌的其中一位弟弟（〈馬可福音〉六章3節）。

82 〈猶大書〉5－7節，依作者譯文翻譯。這封書信在第9節再次提到天使：天使長米迦勒為了摩西的屍體與魔鬼爭辯。

83 根據另一個古代的資料來源，即第一世紀的猶太歷史學家約瑟夫的《猶太古史》（*Antiquities* 1.200-1），所多瑪的罪惡也是不款待，但根據〈拿弗他利遺訓〉三章4節，其罪惡是背離「自然的秩序」；進一步見註釋85。

84 〈創世記〉六章1－4節，〈以諾一書〉六至十章有重述這段記載的擴充版本。見本書頁二〇四—二〇六。

85 同樣的兩段情節，也並陳於〈拿弗他利遺訓〉三章4－5節：所多瑪和「看守者」（〈創世記〉六章的天使）都背離了自然的秩序。或許此處就像〈猶大書〉7節的記載，所多瑪男人的罪惡是想要和天使發生性關係，而不只是要和其他男人發生性關係。

86 〈列王紀上〉十四章24節，十五章12節，二十二章46節；〈列王紀下〉二十三章7節。（編按：《新標點和合本》譯為「孌童」、《和合本修訂版》譯為「男的廟妓」、《現代中文譯本修訂版》譯為「男娼賣淫」。）

87 例如，《新美國聖經》（NAB）、《新標準修訂版》（NRSV）、《修訂英文聖經》（REB）、《新猶太譯本》（NJPS）。

88 完整討論見 Stephanie Lynn Budin, *The Myth of Sacred Prostitution in Antiquity* (New York: Cambridge University Press, 2008)。

89 這個字彙的字根意指「分別開來」；「神聖」之物是為了神明分別開來。或許該字彙很少用來指賣淫者——無論是男性或女性——便顯示出賣淫者的邊緣地位而非神聖的身分地位。

90 〈創世記〉三十八章21節；比較15節。

91 〈利未記〉十八章22節，《新標點和合本》。

92 〈利未記〉二十章13節，《新標點和合本》。

93 〈利未記〉十八章24節。

94 〈哥林多前書〉六章9–11節，依作者譯文翻譯。

95 第9節的希臘字 *pornoi* 通常譯為「通姦者」，但這個字也可指「男妓」或「雞姦者」。若該字意指後者，那麼這段經文中指涉男性同性情慾的字，就有三個而非兩個。

96 分別來自《新標準修訂版》（NRSV）、《新美國聖經》（NAB），以及《欽定版聖經》（KJV）。

97 分別來自《新美國聖經》（NAB）、《修訂英文聖經》（REB），以及《新標準修訂版》（NRSV）。

222

98 在保羅的書信中，當他引用猶太聖經時，都是使用希臘文版本，即所謂的七十士譯本（Septuagint）。

99 〈提摩太前書〉一章9－11節，依作者譯文翻譯。

100 〈羅馬書〉一章26－27節，《現代中文譯本修訂版》。

101 〈哥林多前書〉十一章14節。

102 〈約翰福音〉八章1－11節。（編按：《新標準修訂版》（NRSV）及《和合本修訂版》則由七章53節至八章11節。）

103 〈約翰福音〉二十章2節，二十一章7、20節，《現代中文譯本修訂版》。

104 〈約翰福音〉十三章23節，《新標點和合本》。

第五章　以色列中的醜事：強暴與賣淫

1 〈蘇珊娜傳〉和〈但以理書〉其他兩個補篇，都不存在於希伯來文聖經裡，但留存在希臘文譯本中。因此，〈蘇珊娜傳〉並非猶太教及基督新教正典的一部分，但對天主教徒及東正教徒來說則屬於正典，如同其他的次經。

2 〈申命記〉十九章18－19節。

3 〈申命記〉二十二章28－29節，《現代中文譯本修訂版》。

4 〈出埃及記〉二十二章16－17節。

5 〈申命記〉二十二章23-27節，《現代中文譯本修訂版》。

6 〈創世記〉三十四章2節，依作者譯文翻譯。

7 雖然根據〈創世記〉十七章12節及〈利未記〉十二3節，男性在出生後第八日就要受割禮，但這段經文及〈出埃及記〉四章24-26節（見本書頁四四—四六）可能指出，就像其他文化的情況，割禮原本是一種青春期的儀式，因而與婚姻有關：當男孩達致性成熟，便透過割禮來進入成年期且有資格結婚。

8 〈士師記〉二十章6節；亦見十九章23-24節；《新標準修訂版》（NRSV）譯為「可恨的暴行」（vile outrage）。該片語也用於以下經節記載的性犯罪：〈申命記〉二十二章21節；〈耶利米書〉二十九章23節；以及〈撒母耳記下〉十三章12節（本書頁一七九—一八一會討論）。這種說法和褻瀆有細微差異；見〈約書亞記〉七章15節，該處描述了違反聖戰的規定——所有戰利品都要獻給耶和華。

9 〈創世記〉四十九章5-7節。

10 〈創世記〉三十八章；見本書頁一四〇—一四三。

11 〈撒母耳記下〉十三章12節，《現代中文譯本修訂版》。

12 znh。也譯為「通姦」，該字根只用在有婚外性行為的女性身上，不包括男性。

13 〈何西阿書〉一章2節，《欽定版聖經》（KJV）、《新標準修訂版》（NRSV）、《新猶太譯本》（NJPS）及其他譯本都這麼翻譯。注意《修訂英文聖經》（REB）譯得正確：「不貞潔的女人」（an unchaste woman）。（譯按：《新標點和合本》譯為「淫婦」、《和合本修訂版》「淫蕩的女子」、《現代中文譯本修訂版》「妻子會對你不貞」。）

14 〈箴言〉七章10節。

15 〈耶利米書〉三章3節；〈以西結書〉二十三章40節；〈創世記〉三十八章14節。

16 〈約書亞記〉二章1節；〈列王紀上〉三章17節。

17 〈創世記〉三十八章14、21節。

18 〈馬加比二書〉六章4節。亦見〈列王紀上〉二十二章38節；〈以賽亞書〉二十三章15-16節；〈何西阿書〉四章13-14節；或許還包括〈申命記〉二十三章17節。

19 見本書頁一六二—一六五。

20 這規定顯然只適用於以色列人。〈以賽亞書〉二十三章18節（以一種常用的隱喻指涉賣淫）說道，泰爾這座城（一度被遺忘的賣淫者）將重操故業，而她的「禮物」將獻給耶和華。

21 〈利未記〉十九章29節，《新標點和合本》。

22 〈出埃及記〉二十一章7節。

23 在關於祭司結婚的規定上，可能也有賣淫的宗教污名。根據〈利未記〉二十一章7、13-14節，一般的祭司（特別是大祭司）不准娶任何非處女的女性：因為祭司「歸上帝為聖」，禁止的包括寡婦、離婚女性、遭強暴的女人，以及賣淫者。由於字義不明確，最後一個詞彙也可能意指淫蕩，而非特指賣淫。在這兩條律法之間有另一條（二十一章9節），是關於犯了淫亂或賣淫罪的祭司女兒；就像〈創世記〉三十八章24節的她瑪，她要被火燒死。無論如何，她辱沒了自己的父親，使他無法履行自己的儀式職責。亦見〈阿摩司書〉七章17節。

24 〈哥林多前書〉六章12－20節。

25 〈箴言〉二十九章3節，《現代中文譯本修訂版》；亦見二十三章27－28節；〈便西拉智訓〉九章6節，十九章2節；〈路加福音〉十五章30節。

26 〈箴言〉六章26節，《現代中文譯本修訂版》；亦見〈便西拉智訓〉二十六章22節。

27 〈創世記〉三十八章；見本書頁一四一—一四三。

28 〈路得記〉四章12、18－22節；〈馬太福音〉一章3節。

29 〈約書亞記〉二章3節。

30 Talmud, b. *Megillah* 14b.

31 〈馬太福音〉一章5節；比較〈路得記〉四章21－22節。

32 〈士師記〉十一章2節。這個情境類似於夏甲與撒拉的情況，還有亞比米勒母親（基甸的次要妻子或妾（〈士師記〉八章31節））的處境。

33 〈士師記〉十四章14節，《現代中文譯本修訂版》。

34 〈士師記〉十四章18節，《現代中文譯本修訂版》。

35 比較〈創世記〉二十九章22－30節及〈撒母耳記上〉十八章17－29節。

36 〈士師記〉十六章23－30節。譯為「娛樂」（25節）的這個字，和表示「笑」的希伯來文字根（和以撒有關的用法）一樣，且具有性的影射；見本書頁一〇六—一〇九。

37 〈列王紀上〉三章16－28節。

38 見〈馬可福音〉二章15－16節及平行經文；亦見〈路加福音〉十五章30節。

39 〈馬太福音〉二十一章31－32節。

40 〈路加福音〉七章37－38節。在有關膏抹耶穌的女人的其他記述（〈馬太福音〉二十六章6－7節；〈馬可福音〉十四章3節；兩處都是記載耶穌的頭而非他的腳），她沒有被稱為罪人，而在〈約翰福音〉十二章3節，她被認定為伯大尼的馬利亞，即拉撒路和馬大的姊妹。

225

41 〈那鴻書〉三章4節；〈以賽亞書〉二十三章15節。

42 〈啟示錄〉十七章5節；亦見十九章2節。

第六章　上帝的胯下之火：神話和隱喻中的上帝之妻

1 〈以西結書〉一章1節。

2 〈以西結書〉十章20節。

3 〈列王紀下〉二章11節。

4 〈以西結書〉一章27節，依作者譯文翻譯。

5 〈以西結書〉一章28節，依作者譯文翻譯。

6 〈列王紀上〉十二章10節，依作者譯文翻譯。

7 Bernhard W. Anderson, *Understanding the Old Testament* (Upper Saddle River, NJ: Prentice

Hall, 5th ed., 2006), xviii.

8 Tikva Frymer-Kensky, *In the Wake of the Goddesses: Women, Culture and the Biblical Transformation of Pagan Myth* (New York: Free Press, 1992),189.

9 以下是一些例子。眼睛：〈歷代志下〉十六章9節。耳朵：〈撒母耳記上〉八章21節；〈撒母耳記下〉二十二章7節；〈列王紀下〉十九章16節；〈尼希米記〉一章6節；〈詩篇〉十七篇6節，三十四篇15節。心：〈創世記〉六章6節，八章21節；〈撒母耳記上〉十三章14節；〈詩篇〉三十三篇11節。鼻子：特別是「祂的鼻子變熱」這個成語，意指「發怒」：〈出埃及記〉四章14節；〈民數記〉二十五章4節；〈以賽亞書〉五章25節等。亦見〈創世記〉八章21節。手臂：〈申命記〉四章34節；〈以賽亞書〉五十一章9節。腳：〈出埃及記〉二十四章10節；〈以賽亞書〉六十章13節；〈以西結書〉四十三章7節。臀部：〈出埃及記〉三十三章23節。

10 〈出埃及記〉三章1節（這裡稱為米甸）；〈申命記〉三十三章2節（西奈、西珥、巴蘭山）；〈士師記〉五章4節（西珥、以東）；〈哈巴谷書〉三章3節（提幔、巴蘭）；〈哈巴谷書〉三章7節（古珊、米甸）。

11 例見〈列王紀上〉十八章19節；〈列王紀下〉二十三章4－7節。

226

12 在這個人物出現的大部分圖畫中，她都有陰莖，使人將她及其左側的神明，視為埃及小矮神貝斯（Bes，通常被描繪成雌雄同體）。儘管這兩個人物可能都受到對貝斯的描繪所影響，但若仔細檢視那張相片，會發現那個較小的人物身上其實並沒有陰莖。

13 〈以賽亞書〉四十三章11節，四十四章6、8節，四十五章5、21節。學者稱〈以賽亞書〉四十到五十五章為「第二以賽亞」。

14 〈出埃及記〉二十章3節，《現代中文譯本修訂版》。

15 〈約書亞記〉二十四章14節；〈以西結書〉二十章5－8節。

16 〈士師記〉二章11－13節，《現代中文譯本修訂版》。

17 〈詩篇〉八十二篇1節，《現代中文譯本修訂版》。

18 〈出埃及記〉十二章12節，《現代中文譯本修訂版》。

19 〈列王紀下〉二十一章7節，二十三章6－7節。

20 〈耶利米書〉四十四章15－19節，《現代中文譯本修訂版》；亦見七章17－18節。

21 〈創世記〉一章26－27節，依作者譯文翻譯。

22 〈創世記〉五章3節，依作者譯文翻譯。

23 〈約伯記〉一章6節，二章1節，三十八章7節；〈詩篇〉二十九篇1節，八十九篇6節；亦見〈申命記〉三十二章8節。

24 〈創世記〉六章1－4節，依作者譯文翻譯。〈民數記〉十三章32－33節也有提到Nephilim（字面意思為「墮落的人」），將他們描述為巨人，他們在以色列人來到迦南地之前便住在該地。（亦見〈申命記〉二章10－11節，三章11節。）

25 這些翻譯方式分別出自：《新標準修訂版》（NRSV）、《新英文聖經》（NEB）、《新猶太譯本》（NJPS）、《新美國聖經》（NAB）。

26 〈箴言〉八章22－31節，《現代中文譯本修訂版》，最後兩節依作者譯文翻譯。

27 〈所羅門智訓〉八章3節，譯文引自《基督教典外文獻——舊約篇・第五冊》，頁一一〇。

28 Philo, *De cherubim* 14.49.

29 〈所羅門智訓〉七章29節，譯文引自《基督教典外文獻——舊約篇‧第五冊》，頁一一〇。

30 〈便西拉智訓〉二十四章2節；〈箴言〉九章1節。

31 〈便西拉智訓〉二十四章23節；亦見〈巴錄書〉四章1節：「智慧就是上帝的誡命，她是永遠長存的律法。人若抓緊她，就必得生命，離棄了她，就必滅亡。」譯文引自《基督教典外文獻——舊約篇‧第五冊》，頁二二九、二三〇。

32 〈路加福音〉一章35節。

33 見本書頁一〇〇，以及第三章註20。

34 〈何西阿書〉二章19－20節，《新標點和合本》。在〈何西阿書〉中，這些經節是用於更新關係的說話，但可能是古代的訂婚用語（相較於我們的文化，當時訂婚的契約關係更具重要性）。根據法律，訂婚後便可同居，就像此處用「知道／認識」這個動詞所顯示的。

35 改編自〈以賽亞書〉六十二章4－5節，這裡的實際背景同樣是恢復關係。

36 〈耶利米書〉二章2節。

37 〈出埃及記〉二十章5節，三十四章14節；〈申命記〉四章24節，五章9節，六章15節；〈約書亞記〉二十四章19節；〈那鴻書〉一章2節。

38 〈何西阿書〉二章3、10節，《現代中文譯本修訂版》。

39 〈耶利米書〉二章23－24、30節，十三章26節。

40 在〈以西結書〉十六章21節，耶和華提到「我的兒女」。

41 〈以西結書〉十六章37－42節，《現代中文譯本修訂版》。

42 〈以西結書〉十六章62節，《新標點和合本》。

43 〈耶利米書〉三章12節。

44 〈何西阿書〉二章14－15節，《現代中文譯本修訂版》。

45 〈啟示錄〉二十一章2節，《現代中文譯本修訂版》。

46 〈以西結書〉二十三章48節，《現代中文譯本修訂版》。

47 *Battered Love: Marriage, Sex, and Violence in the Hebrew Prophets*（Minneapolis, MN: Fortress, 1995), 86.

結論

1 無可否認的是，不同的宗教團體所擁有的正典，在順序和內容上都不一樣。猶太教徒當然沒有把新約納入他們的聖經中，而在基督教裡，新教的正典比羅馬天主教和東正教的正典所涵蓋的範圍更窄。但共同一致的卻是更為顯著：希伯來聖經的各經卷屬於每份基督教正典的一部分，而基督徒完全認同新約的正典經卷。歷代以來，像是第二世紀的馬吉安（Marcion）及十九世紀的傑佛遜（Thomas Jefferson）這樣的個人（更不用說《讀者文摘聖經》〔*The Reader's Digest Bible*, 1982〕），都試圖藉由剔除部分內容，或甚至他們認為不再具有權威的完整經卷，來縮減正典的篇幅。不足為奇的是，所有這些嘗試都失敗了。

2 New York: Knopf, 2005.

3 同上書，頁一五。

4 同上書，頁七四。

5 同上書，頁九八。

6 同上書，頁一三四。

7 Archibald Cox, *The Court and the Constitution* (Boston: Houghton Mifflin, 1987), 375-76.

8 〈出埃及記〉二十章2節，《現代中文譯本修訂版》；〈申命記〉五章6節。

9 〈出埃及記〉二十二章21節，《現代中文譯本修訂版》；二十三章9節；〈申命記〉五章15節，十章19節，十五章15節等。

10 〈申命記〉五章14-15節，《新標點和合本》。

11 Babylonian Talmud, *Shabbat* 31a.

12 〈馬太福音〉七章12節，《現代中文譯本修訂版》；比較〈路加福音〉六章31節。

13 當然，就像其他憲法學者可能不同意布雷耶的闡述，我清楚表達的標準也不是唯一可能的標準。但在這兩種情況裡，我認為有必要建立一個或多個明確的標準，讓古老的文本可適用於新的處境，而不是只訴諸原本或字面的意思。

14 〈利未記〉十九章18節。

15 〈馬太福音〉二十二章34-40節；〈馬可福音〉十二章28-31節。

16 〈羅馬書〉十三章9-10節，《現代中文譯本修訂版》；亦見〈加拉太書〉五章14節；〈雅各書〉二章8節。

索引

條目後的頁碼係原書頁碼
檢索時請查正文上方頁碼

作　　者　麥可・庫根（Michael Coogan）
譯　　者　黃恩霖
校　　訂　堵建偉
叢書企劃　小島工房
責任編輯　堵建偉、黃恩霖
企劃行銷　許家旗
封面設計　林恆葦　源生設計
內文排版　張蘊方
印　　刷　漢藝有限公司
初版一刷　二〇一八年六月
定　　價　三八〇元
ISBN　978-986-95945-3-0
出 版 者　游擊文化股份有限公司
地　　址　106 臺北市大安區泰順街 24 號 B1
網　　站　https://guerrillalibratory.wordpress.com/
臉　　書　https://www.facebook.com/guerrillapublishing2014
電　　郵　guerrilla.service@gmail.com

總 經 銷　前衛出版社 & 草根出版公司
地　　址　104 臺北市中山區農安街 153 號 4 樓之 3
電　　話　(02) 2586-5708
傳　　真　(02) 2586-3758
香港代理　小島工房
電　　郵　isletstudio@gmail.com
網　　站　https://isletstudio.wordpress.com
臉　　書　https://www.facebook.com/isletstudio

Interface 02

神與性：聖經究竟怎麼說

國家圖書館出版品預行編目資料 (CIP)

神與性：聖經究竟怎麼說 /
麥可 · 庫根（Michael Coogan）著；黃恩霖譯
—初版　—臺北市：游擊文化，2018. 06
　面；　公分。——（Interface ; 2）
譯自：God and sex : what the Bible really says
ISBN　978-986-95945-3-0（平裝）

1. 聖經研究 2. 性別

241.01　　107007036